|世界经济与政治智库论丛（2020）|

世界秩序与中国方位

WORLD ORDER AND CHINA'S POSITION

邹治波 赵远良 主 编
张 淼 邵 峰 副主编

中国社会科学出版社

图书在版编目（CIP）数据

世界秩序与中国方位 / 邹治波，赵远良主编 . —北京：中国社会科学出版社，2020.7（2023.1 重印）
（世界经济与政治智库论丛）
ISBN 978 – 7 – 5203 – 6934 – 3

Ⅰ.①世⋯　Ⅱ.①邹⋯②赵⋯　Ⅲ.①中国对外政策—研究　Ⅳ.①D820

中国版本图书馆 CIP 数据核字（2020）第 138945 号

出 版 人	赵剑英
责任编辑	范晨星
责任校对	杨　林
责任印制	王　超

出　　版	中国社会科学出版社
社　　址	北京鼓楼西大街甲 158 号
邮　　编	100720
网　　址	http://www.csspw.cn
发 行 部	010 – 84083685
门 市 部	010 – 84029450
经　　销	新华书店及其他书店
印　　刷	北京明恒达印务有限公司
装　　订	廊坊市广阳区广增装订厂
版　　次	2020 年 7 月第 1 版
印　　次	2023 年 1 月第 2 次印刷
开　　本	710×1000　1/16
印　　张	17.25
字　　数	225 千字
定　　价	98.00 元

凡购买中国社会科学出版社图书，如有质量问题请与本社营销中心联系调换
电话：010 – 84083683
版权所有　侵权必究

前　言

当今世界正处于百年未有之大变局的阶段。单边主义抬头、保护主义盛行、全球化逆潮涌动、非传统安全威胁持续上升、全球治理失衡等问题纷纷涌现，世界政治与经济面临着复杂且不确定的挑战，国际秩序可以说正处于关键的历史路口。在分析世界格局和确定中国方位的时候，我们可能首先需要对国际形势有一个客观且总体的梳理与把握，然后才能对出现的问题提出解决思路和方案。

总体而言，当前国际形势主要表现出以下几个特点：其一，和平与发展的时代主题没有变，大国间的和平保持总体稳定，但局部地区的动荡仍在加剧。从解决问题的路径来看，经济发展仍然是解决一切问题的基础，各国都在探索适合自身的发展模式。其二，世界多极化趋势在曲折中深入发展，这也促使国际格局发生着深刻调整，大国间竞争日益明显。其三，全球化发展为各国提供了合作空间，但逆全球化现象也不断涌现。其四，全球性问题凸显，全球治理赤字失衡，非传统安全问题越来越具有全局性与战略性。其五，美国特朗普政府的不确定性政策深刻影响着世界经济和国际政治格局。相反，中国作为负责任的大国，一直是国际社会中和平与稳定的中坚力量。其六，信息、生物、人工智能、新材料、新能源等科技领域的发展势必会对人类生活、世界经济和国际关系产生深远影响，大国间的科技竞争明显加剧。

如果从对外关系和国内发展的角度来测量中国的方位，我们就会对今天的中国有一个更全面、更客观的认识。在对外关系上，中国始终坚持走和平发展的道路，在和平共处五项原则的基础上积极发展同各国的友好合作关系。在国际关系的舞台上高举和平、发展、合作、共赢的旗帜，倡导树立共同、综合、合作、可持续的新安全观，积极推动构建新型国际关系和人类命运共同体。可以说，中国积极有为且负责任的大国外交实践为不稳定、不确定的国际形势注入了正能量。

在国内建设与发展中，中国始终坚定不移走中国特色社会主义的道路，集中力量办好自己事情，让国家更富强，让人民有更多、更直接和更实在的获得感、幸福感、安全感。例如，中国既是世界上减贫人口最多的国家，也是第一个完成联合国千年发展目标减贫目标的发展中国家，对全球减贫贡献率超过70%。同时，中国还提出了具体的脱贫时间表，即在2020年，中国全面建成小康社会，脱贫攻坚任务也会如期全面完成。在经济上，中国经济总量稳居世界第二，长期保持着中高速的经济增长，是世界经济增长的主要稳定器和动力源。在开放程度上，中国坚持对外开放，在走向世界的过程中也实现了自身的跨越式发展。中国开放的力度在未来将更大，改革开放的大门也会越开越大，惠及世界的程度将更加深入。在市场规模和产品供给能力上，中国为世界提供了14亿人口数量的超大规模市场需求，也为世界提供了各类商品的市场供给。

随着中国的发展进入新时代，中国与世界互动的关系有了新的内涵：一方面，中国对世界的影响，从未像今天这样全面、深刻、长远；另一方面，世界对中国的关注，也从未像今天这样广泛、深切、聚焦。中国与世界各国形成的其实是一种命运共同体的关系。可以说，中国的发展离不开世界，世界的和平发展、繁荣稳定离不开中国。正如《新时代的中国与世界》白皮书所指出的,世界好,中国才能好;中国好,世界才更好。客观而言,中国的发展本身就是对世界和平与发展的最大贡献。作为负责任大国,中国在国际社会中也承担起了越来越多且与自身发展阶段相适应的国际责任和义务,为复杂多变的世界注入了更多的稳定性和确定性。

作为世界经济与政治研究领域的重要智库类刊物,《世界经济调研》杂志在过去的一年中紧扣国际政治与经济形势的变化及热点,刊发了数十篇理论性与对策性的文章,旨在发挥智库类刊物的建言献策作用。此外,本刊编辑部还积极与中国社会科学出版社开展合作,结集出版"世界经济与政治智库论丛"系列丛书,力图将该丛书打造成为一个链接学术研究和决策参考的共享平台,也为广大读者提供一个了解智库研究的窗口。

本书的编选大致遵循着这样的思路:由于全球性问题凸显(特别是非传统安全问题的地位日益上升),这就需要我们对全球治理模式进行改革与调整。中国提出的"一带一路"倡议可谓恰逢其时,其建设进程一方面推动了全球与区域经济的发展,另一方面也体现了全球治理的中国智慧。全球化进展具有历史的惯性,区域经济发展出现了新态势,但两者都面临诸多挑战。在新的历史条件下,产业升级与技术创新无疑是包括中国在内的世界各国经济发展的关键所在。因此,本书共设置四个议题来论述,分别为:全球治理与非传统安全、"一带一路"研究、全球化与区域经济、产业升级与技术创新。

此外,从作者队伍来看,本书的作者囊括了来自中国社会科学院、中国工程院、中共中央党校(国家行政学院)、国务院国资委研究中心、中国国际经济交流中心、北京大学、清华大学、中国人民大学、国防科技大学、复旦大学、南开大学、南京大学、同济大学、对外经贸大学、外交学院、重庆大学、中国农业大学、辽宁大学、华东师范大学、暨南大学、云南大学、中国经济体制改革研究会、上海国际问题研究院、中国建投投资研究院等知名智库研究机构和高校的众多专家学者,他们从各自擅长的研究领域对全球治理与中国发展等议题进行了论述,并提出自己的观点及合理化建议。

在当前国际秩序大环境深刻调整的背景下,中国的经济与社会也进入了新的发展阶段,在"全球治理与非传统安全"专题中,本书重点讨论了中国当前面临的热点与难点问题,其中包括:如何合理调整宏观经济政策工具来促进中国经济稳健增长,中国能源结构转型与升级的内容与措施,中国如何参与全球能源治理体系变革,中国如何积极参与北极能源开发,中国在澜湄水资源合作方面如何开展国际合作,如何应对美国的对华科技战略,如何施策以促进中国金融稳定及推动金融业高质量发展等议题。此外,针对2020年年初暴发的新冠疫情,有多位学者还就新冠肺炎疫情对2020年中国经济的影响、中国经济未来走向等问题进行了评估,并提出合理化的应对策略。

"一带一路"倡议让中国以新姿态走向世界,世界也通过参与"一带一路"建设再次认识了中国。随着"一带一路"建设的不断深入,我们对该倡议的描绘已经从"大写意"转向了"工笔画","一带一路"的研究也从宏观愿景与内涵意义等概念层面的阐释转向具体研究以及实际的对策层面上来。本书的"一带一路"研究专题首先关注的是"一带一路"的国际金融规则、陆上贸易便利化规则体系、国际市场战略及人类命运共同体话语体系等规则体系的建构。其次,该专题重点考察了西方社会精英层和欧盟一些国家对"一带一路"倡议的认知态度与利益诉求,探讨了如何顺利开展"一带一路"的PPP建设、"一带一路"建设中的防灾减灾如何具体实施等问题。最后,本专题还分析了中国澳门特区对于"一带一路"在葡语国家中顺利开展的重要作用。

本书的第三个专题是"全球化与区域经济"。全球化是世界经济研究领域的一个不可忽视的议题，经济全球化和贸易自由化是世界未来的发展方向和趋势，世界大多数国家都在贸易自由化的进程中获得了实实在在的好处。在对该议题进行研究时，专家们认为，加入国际分工体系、融入全球价值链，是包括中国在内的东亚地区成长为世界经济重要中心的原因之一。进入21世纪以来，随着贸易摩擦的加剧以及逆全球化趋势的出现，这些因素对既有的全球价值链体系带来了挑战，迫使国际经济秩序开始出现重构，区域经济一体化的作用也日益上升。从长远来看，扩展全球价值链体系是深化经济全球化的重要途径，也是维护多边主义的有效手段，构建包容的全球价值链是未来世界经济的发展方向。

中国制定的转型升级规划，其主旨在于提倡科技创新、实现产业升级。本书设置了"产业升级与技术创新"议题来对其专门探讨。历次工业革命都为后进国家赶超发展提供了历史机遇，在当前新一轮工业革命正在进行的大背景下，中国如何实现弯道超车并成为领跑者则是一个需要回答的重大命题。本书提供了如下应对策略与措施：加强对革命性技术的研发，加强新一代信息技术的关键共性技术研究，加快区块链技术研究，大力发展制造业产业集群，促进制造业与服务业深度融合，促进人工智能科技与实体经济的融合发展，发展智能工厂完善人工智能基础设施建设，优化知识产权制度以兼顾自主创新与开放合作，重视传统产业的改造以激发企业的创新自觉和创新动力，建立乡村振兴政策体系鼓励产业延伸与创新，重视标准化工作在产业发展中的引领作用。

上述主要介绍了辑成此书的来龙去脉、主要议题设置以及具体内容简介等，旨在能为大家提供一个导读的指引。同时，借此赘述一下的是，我们编辑部分别在2017年、2018年和2019年相继出版了"世界经济与政治智库论丛"系列之《国际体系变迁与中国战略选择》《全球治理与中国方略》以及《世界大变局与中国应对》三本智库图书，在学术界和读者中引起了积极的反响，他们纷纷反馈并鼓励我们把该系列图书继续做下去,这也成为我们出版该系列图书的重大动力源之一。

2020年,在各方支持与帮助下,我们再接再厉推出了这本《世界秩序与中国方位》智库图书,希望该书能为广大读者朋友提供一扇了解智库研究成果的窗口,引发大家对"世界秩序与中国方位"这一议题进行思考和分析。同时,我们也衷心希望广大读者朋友能继续提出宝贵的批评意见,促使我们进一步提高编辑和策划水平,做好今后"世界经济与政治智库论丛"的出版工作。

目 录

全球治理与非传统安全

工欲善其事：如何合理调整宏观经济政策工具箱 …… 蔡　昉　3

中国能源的发展与转型 ………………………………… 杜祥琬　11

疫情影响中国经济的五个判断 ………………………… 陈文玲　17

新冠肺炎疫情对经济的影响及对策 …………………… 张　明　23

稳定服务业的四大战略对策 …………………………… 芮明杰　30

全球能源治理的变革趋势与应对 ……………………… 于宏源　36

北极在全球能源转型中的作用及中国的策略选择 …… 魏　蔚　43

中国如何应对澜湄水资源合作 ………………………… 吕　星　49

美国对华科技战略的影响与对策 ……………………… 孙海泳　55

综合施策促进金融稳定 ………………………………… 汤铎铎　61

推动金融业高质量发展的对策与建议 ………………… 陶满成　67

"一带一路"研究

"一带一路"：如何建立国际金融新规则？ …………… 王国刚　75

建构人类命运共同体话语体系迫在眉睫 ……………… 贾文山　81

构建"一带一路"陆上贸易便利化规则体系的
　　建议 ……………………………………………… 曾文革　87

构建"一带一路"国际市场的战略应对 ……………… 陆　钢　93

"一带一路"：西方关注的是什么？ ……………… 徐秀丽　99
欧盟对"一带一路"的态度变化及建议 …………… 刘作奎　105
将中国 PPP 经验应用于"一带一路"建设 ………… 吕汉阳　111
澳门在对接"大湾区"和"一带一路"的
　　机遇 …………………………………………… 潘圆圆　117
重视"一带一路"建设中的防灾减灾问题 ………… 孔　锋　125

全球化与区域经济

经济全球化亟待调整深化……………………………… 王在邦　133
全球贸易自由化的趋势与中国对策 ………………… 关　权　139
全球价值链重塑与中日经济合作建议 ……………… 张玉来　145
新一轮东亚区域分工调整与中国对策 ……………… 刘洪钟　152
贸易保护主义的嬗变及其对世界经济秩序的
　　影响 …………………………………………… 黄　河　158
中国应对 CPTPP 生效的策略 ……………………… 李春顶　164
如何认识欧洲安全周期律 …………………………… 许海云　170
全球价值链重构及政策启示 ………………………… 马　涛　176
产业政治与大国竞争 ………………………………… 雷少华　182
全球价值链调整与中国的应对策略 ………………… 马天月　188

产业升级与技术创新

在全球价值链路径上建设制造强国 ………………… 刘志彪　197
新一轮工业革命的本质与中国路径选择 …………… 董小君　203
美、德、中谁将取得制造业主导权？ ……………… 王德培　209
牢牢把握智能时代国际生产分工的
　　主动权 ……………………………… 屠新泉　刘　斌　215
以人工智能科技创新推进经济高质量发展 ………… 刘　刚　221
以新科技革命为契机优化知识产权制度 …………… 单晓光　227

目录

中国工业如何实现高质量发展?
　　——基于日本产业转型的经验视角 …………… 李　毅　233
国际比较视野下中国乡村振兴战略的
　　实现路径 ………………………… 田志宏　胡　月　239
中国新一代信息技术标准竞争战略及
　　对策选择 ………………………… 杜传忠　陈维宣　245
制造业与服务业深度融合的新路径选择 …………… 邓　洲　252
美国关税排除机制对我国产业的影响及
　　应对 ………………………… 赵　海　姚　曦　徐奇渊　258

全球治理与非传统安全

工欲善其事：如何合理调整宏观经济政策工具箱

本文要点：2018年年底召开的中央经济工作会议要求全面正确地把握宏观政策、结构性政策、社会政策取向，确保经济运行在合理区间。把经济增长速度保持在合理区间需要恰当运用政策工具。这个政策工具箱不应该是一成不变的，也不必限于货币政策和财政政策这两种传统宏观经济政策手段。本文就充实和调整政策工具箱提出几点建议：目标明确的改革措施应该进入政策工具箱；政策工具箱应包括民生相关的社会政策；减税降费应作为供给侧结构性改革措施；积极就业政策须纳入宏观调控政策体系。

2018年12月召开的中央经济工作会议要求，要全面正确把握宏观政策、结构性政策、社会政策取向，确保经济运行在合理区间。把经济增长速度保持在合理区间，需要恰当运用相关的政策工具。运用何种宏观经济政策工具则需要根据拟达到的目标，考虑到各种政策结果之间的关系进行权衡取舍。对中央政府决策者来说，运用这个政策工具箱的意图，应该主要不是指储存备用的投资项目或者预留的财政收入蓄水池，而应指调控宏观经济的政策工具。而且，这个政策工具箱不应该是一成不变的，既可以进行数量的充实，即把以前不在工具箱的政策措施与时俱进地补充进去，也可以对政策工具进行结构性调整，即把政策工具的存量进行重新归类，放在不同的格子里以便酌情选取，才符合精准施策的原则。

在以往实施的宏观经济政策过程中，曾经有过几次追加宏观经济政策工具的做法。例如，把拧紧土地供给龙头与拧紧信贷龙头结合起来，旨在遏止经济过热和泡沫生长的状况。又如，赋予产业政策以宏观调控职能，实现"出手要狠"的果敢措施稳定增长速度不致过度下滑。虽然时过境迁，以往扩大政策工具的做法也分别付出了代价，却也都表明：**政策工具箱中的储备和应用不必限于货币政策和财政政策**这两种传统宏观经济政策手段。本文立足于经济发展新常态与可能的外部冲击交接叠加的背景，就充实和调整政策工具箱提出几点建议。

一 目标明确的改革措施应该进入政策工具箱

把经济体制改革纳入宏观经济政策工具箱，是由中国经济面临的特殊问题决定的。在其他国家特别是在成熟的市场经济国家的一般情况下，宏观经济政策目标是使经济增长稳定在潜在增长率上，即达到所有生产要素充分被利用且不会出现通货膨胀的增长率。在经济发展阶段未发生变化的情况下,潜在增长率通常是一个不变的水平,也就是说,大多数发达国家的潜在增长率是长期稳定的,因而往往也被称作趋势增长率。因此,在这些国家的经济增长遭遇需求侧冲击的情况下,无论是需求过剩导致经济过热还是需求不足导致经济减速,通常可行的政策工具只是货币政策和财政政策这种传统宏观经济政策手段。政策目标是通过抑制或者刺激需求,使增长速度分别从"高于"或者"低于"潜在增长率的状态回归长期的潜在增长水平,以保障生产要素的充分利用或者通货稳定。

而中国经济当前面临的情形,既不同于自身以往的情形,也不同于大多数其他国家的情况。首先,随着2010年以后中国人口红利的迅速消失,生产要素供给和重新配置的空间都显著缩小,导致经济发展阶段发生根本性变化,也决定了潜在增长率趋于长期下降的趋势。因此,宏观经济政策的调控目标必须相应改变,要避免刺激过度从而使实际增长速度超过潜在增长率。其次,现行的经济运行中仍然存在的各种体制和机制弊端,妨碍着生产要素充分供给和有效配置,因而仍有提高潜在增长率的余地。这意味着凡是可以改善生产要素供给和配置的改革,例如**通过户籍制度改革增加非农产业劳动力供给以及在产业之间重新配置劳动力,均可以且应该进入宏观经济政策的工具箱**。但是,需要了解的是,政策工具运用中这个特殊部分,目的不在于刺激需求侧因素,而是从供给侧提高潜在增长率。

二 政策工具箱应包括民生相关的社会政策

在经济运行的外部环境复杂严峻从而不确定性增多、经济增长面临下行压力的情况下,**实施社会政策托底,既是面对外部冲击时确保民生稳定的必需之举,也是在供给侧结构性改革中必须**

履行的安全网职能,应该与宏观经济政策配套实施。此外,通过政策调整和体制改革实现收入分配格局的改善,不仅是解决变化了的社会主要矛盾的必要之举,还可以稳定和平衡经济增长的需求因素,抵消净出口需求的冲击和投资需求的疲软。这项政策的实施也可以直接具有宏观经济调控的效应。例如,在遭遇经济周期性冲击的情况下,失业保险、最低生活保障等社会保险项目的充分覆盖以及保障足额发放,有助于保障普通劳动者群体和低收入家庭的收入和生计,因而也就有利于稳定居民消费从而稳定总体有效需求。

自国际金融危机爆发以来,中国经济增长的需求拉动因素构成发生了很大的变化。例如,在2008—2017年支出法国内生产总值构成中,货物和服务净出口比重显著降低,从7.6%降低到1.7%,预计在短期内不会有很大的提高潜力;资本形成比重比较稳定,从43.2%提高到44.6%,从增长的平衡性和可持续性要求来看,这个部分未来至少不应该有进一步的提高;最终消费需求占比从49.2%提高到53.6%,其中政府消费从13.2%提高到14.6%,城镇居民消费从27.0%提高到30.6%,农村居民消费从9.0%下降到8.6%。根据国际经验,中国最终消费在GDP中的贡献比重仍有很大的提升余地,社会政策兜底可以通过政府消费的形式较快转化为需求的适度扩大,具有立竿见影的效果。由于社会政策改革以及基本公共服务改善导致的居民消费,更是拉动经济增长的"三驾马车"中最长期可靠的需求因素。

在中国当前提高消费需求,有两个特别的人口群体最值得关注,也具有最大的潜力。一是农民工群体。2017年全国有2.87亿农民工,其中,一部分(约1.72亿)为离开了本乡镇的外出农民工,另一部分(约1.15亿)为在本乡镇从事非农产业的农民工。无论他们是离开了农村还是离开了农业,都意味着成为工资收入者,消费需求和消费能力显著提高。然而,由于户籍身份妨碍他们获得均等的基本公共服务以及城市落户的预期,都抑制了他们的实际消费。研究表明,一旦通过户籍制度改革获得城市户籍身份,即便其他条件不变,农民工的消费支出可以提高27%。**另一个群体是老龄人口**。2017年中国60岁及以上人口有2.4亿,占全部人口比重的17.3%。中国"未富先老"特征的一个表现就是:人口的收入水平随年龄增长呈现出一个倒U字形曲线,即劳动收入从接近20岁才开始有,随后迅速提高并于25—45岁期间达到并稳定在高水平上,以后则逐渐下降,到60岁以后便消失。相应地,消费水平也在30—40岁形成峰值,随后便缓慢降低。所以,释放老年人的消费能量,突破口在于稳定他们的劳动收入,增加他们的财产性收入和提高社会保障水平。

三 减税降费应作为供给侧结构性改革措施

减税降费是一个重要且有效的政策工具。但是,针对中国当前面临的问题,**应该将其作为供给侧结构性改革措施予以推动,而不是当作宏观经济刺激政策来实施**。如果一个经济体处于这样的状态,即总体税负与公共财政支出的要求大体适应,政府公共品供给与社会需求总体均衡,则旨在鼓励企业投资和居民消费的减税措施,更接近于是一种在需求遭到冲击情况下的刺激政策。很显然,有些经济学家建议的临时性减税,或者有人建议在实施减税措施时不必拘泥于财政赤字率的束缚,隐含的理念就是把减税作为宏观经济的刺激手段使用。但是,如果由于体制原因本来就存在税负过重问题,减税就应该作为结构性改革任务来实施。这样,通常并不需要增加政府负债水平来取得收支平衡,而需要对政府职能进行重新定位。

虽然都是进行减税,将其置于政策工具箱的哪个位置,实施的目的因而是不一样的,实施的效果也不尽相同,因此,减税政策正确定位有利于明晰实施目标,提高实施效果。首先,必须靠扩大政府赤字实施的减税,其实就是为了刺激宏观经济而采取的扩张性财政政策。例如,美国特朗普政府减税政策在2018年的表现,就是政府税收收入的显著减少,致使联邦赤字扩大了17%。其次,作为供给侧结构性改革的减税,一方面旨在转变政府职能,减少政府对微观经济活动和投资的直接介入,另一方面旨在减轻偏重的企业负担。世界银行和普华永道的国际案例比较研究表明,2017年,就中等规模制造业企业而言,中国的总税费率(各类税收和规定缴费占税前利润的比重)为64.9%,比全球190个经济体的平均水平(40.4%)高60.6%。可见,减税作为供给侧结构性改革措施,具有减轻企业负担从而提高潜在增长率的潜力和效果。再次,作为改革措施的减税,在政府收入和支出上具有自我平衡的特点,即通过所谓"拉弗曲线"效应,在降低税负的同时因改善增长表现而扩大税收总规模。最后,作为改革措施的减税,具有累进式的再分配政策效果。不同于特朗普政府减税政策对于低收入和中等收入群体、中小企业和创业者的影响甚微且减税收益集中到最富的人群的情形,中国经济社会政策的出发点是以人民为中心的,稳就业、稳金融、稳外贸、稳外资、稳投资、稳预期的要求是一个整体,因此,实施减税政策应着眼于创造更加公平的竞争环境,建立优胜劣汰或创造性破坏的机制。

四 积极就业政策须纳入宏观调控政策体系

自经历了20世纪后期就业冲击和劳动力市场改革,中国政府于21世纪初确立了积极就业政策,相应地,就业被纳入宏观经济调控四大目标之一。为了从理念上更能强调保障民生的重要性以及解决好就业问题在其中的突出位置,在中央文件以及各种重要政策表述中,却一直都是**把确立和实现就业目标作为一项民生保**

障的要求，归入社会政策的范畴。在政策表达中这样处理，**导致稳定就业的要求在政策工具箱中的位置不恰当**，也就造成了稳定就业的措施难以同货币政策和财政政策等宏观经济政策有效衔接的问题，就业目标的优先序也容易在政策实施中被忽略。

通过对积极就业政策在政策工具箱中位置的调整，即把实现充分就业的目标以及劳动力市场各类信号纳入宏观经济政策抉择中予以考量、决策和执行，**积极就业政策才可能真正落实**，宏观经济政策终极目标和底线才更加清晰且可操作，民生得到更好的保障。例如，长期以来官方统计发布城镇登记失业率数据，但是，该数字长期稳定在4%左右，变动幅度极其微小，也意味着对劳动力市场变化不敏感。由此我们可以将其视为不受周期性因素影响的自然失业率（结构性失业率和摩擦性失业率之和）。至于国际劳工组织建议的城镇调查失业率，在20世纪90年代末和21世纪初经历过大幅攀升之后逐渐得到改善，自2008年之后稳定在5%上下的水平。

应该如何理解城镇登记失业率与城镇调查失业率，并通过这两个指标及其关系认识当前中国的劳动力市场状况呢？通过考察这样的问题，我们随后可以看到，中国劳动力市场已经具备了典型的指标，以及据此做出反应的劳动力市场行为，都为宏观经济政策决策创造了条件。

在早些年中国城镇劳动力市场遭遇冲击以及具有劳动力剩余特征的时期，譬如说在2008年之前，我们可以把4%左右的城镇登记失业率看作自然失业率，而把较高的调查失业率与较低的登记失业率之差看作周期性失业率。并且，由于农民工不能享受城市的失业保险，一方面无力承受在城镇处于失业状态，另一方面却可以依托承包地（农业）这个剩余劳动力蓄水池，由此，他们一旦失业通常会返乡务农，所以他们的劳动力市场状况既不影响自然失业率，也不影响周期性失业率。

然而，如今情况发生了变化。一方面，由于农业中劳动力长期短缺，近年来农业机械替代劳动力的进程非常快，农业已经不再是剩余劳动力的蓄水池；另一方面，新一代农民工大多没有务农经历和经验，也没有务农预期和意愿，同时，现在农村家庭的收入状况也使他们能够承受短期不就业，因此，即便遭遇城镇就业困难，他们中很多人也不会返乡。同时，他们能够并且乐于依靠接受较低的工资水平而度过求职期。这样，农民工的劳动力市场状况已经开始影响自然失业率以及周期性失业率。由于自2008年以来调查失业率即保持在5%左右，按照自然失业率的定义，可以把5%的失业率水平看作自然失业率。如果一旦经济增长速度低于潜在增长率，则会发生周期性失业现象，即调查失业率显著高于5%。那时，便是我们使用刺激性宏观经济政策工具的时机了。

（中国社会科学院副院长、学部委员　蔡昉）

中国能源的发展与转型

本文要点：中国能源快速增长支撑了经济的高速增长，首先是能效有了明显提高，但是中国能效差距还比较大；能源结构有改善，但是改善还不够革命性；粗放的增长表现在产业偏重、能效偏低、结构高碳上，使得环境问题日趋尖锐，这也推动了中国转变发展方式和进行能源革命的决心。中国能源结构要向绿色低碳转型，应调整产业结构，减少能源浪费，防止产能过剩，清洁高效利用煤炭，发展低碳能源尤其是可再生能源的利用。

一　中国能源发展现状

中国经济社会发展进入新阶段，能源发展也进入新阶段。**新阶段主要的支点是从高速增长转向高质量发展**，从外延扩张型的增长、平面的发展，走向质量型的增长、立体的发展。

改革开放40多年来，中国经济在高速发展的同时，能源消耗方面也在取得进步。1980年以来，中国能源强度下降了80%，能效提高了大约5倍。煤电厂平均1千瓦时的发电消耗从1978年的471克煤炭减少到2017年的309克煤炭，其中做得最好的企业1千瓦时的供电只消耗266克煤炭，这也是国际上的最好水平。

这几年中国经济增长率大体上在6.5%左右，而年能耗总量的增长率大约是每年1%—3%。在这样的情况下，改善环境和生态文明建设已经提到了国家战略目标的前位，这就呼唤着能源结构的绿色低碳化。雾霾PM2.5中2/3源于高碳能源，温室气体中3/4源于高碳能源，从这个意义上讲污染排放和温室气体排放虽然是两个概念，但它们基本上同根同源，所以要在绿色低碳上加上"美丽"两个字，这就不是平面的概念，而是立体的概念，是有深度的发展理念，是新的增长点，也是新时代的要求。

二　高质量发展须解决能源问题

高质量发展对能源的要求，首先呼唤能源结构的优化。能源的增长率1%—3%这样的新常态是优化能源结构的机遇期，这样比较低的能源增长有可能由低碳能源的增长就能够满足这样一个增量的要求（低碳能源包括可再生能源、核能和天然气），同时，提高终端能源当中电力的占比。

其次，**高质量发展呼唤改变能源发展不平衡、不充分的问题。**

中国能源的发展与转型

中国西北部地区能源的密度比较高，东南部地区是耗能密度、负荷密度比较高的地区，发展不平衡不充分的问题凸显。优化能源的空间格局就是要为西部增加消纳，为东部增加供给。中东部能源解决可以依靠西电东送，但西电东送、北煤南运这是国情所需，中东部自己有没有能源如太阳能和风能可以挖掘也值得我们思考。解决中东部能源问题的思路，是否应该把"远方来"和"身边来"相结合。

再次，**高质量发展还呼唤解决与能源相关的三大城市病**。城市雾霾、堵车、垃圾围城等都与能源有关，我们要实施城市能源革命，使之更加高效、智慧和低碳。高质量地通过不同的线条推动低碳试点、智慧城市试点、无废城市试点，要与城市发展深远结合。

最后，**高质量发展还呼唤着农村能源革命**。农村也有三大问题：一是散烧煤较多，需要用洁净能源来替代；二是农村用了很多生物质但是原始形态烧柴火的情况比较多；三是固废资源化利用，包括垃圾等利用的比例也比较低。据相关研究报道：京津冀地区散烧煤替代每年成本约157亿元，而健康效益却达165亿元，所以说做并且做好这件事绝对是划算的。

三　采用节能提效来促进能源转型

新形势新阶段中国面临着能源转型的需求，能源要向高效、绿色、低碳转型。我们需要改善环境治理、应对气候变化、培育新的动能、新的增长点，**能源结构向绿色低碳转型既是中国能源发展的核心，也是能源供给侧改革的特征。**

过去15年中国能源强度下降了30%，主要耗能行业提效19%，这是进步。但是现在能源强度仍然偏高，中国每年生产全球15%的GDP却消耗全球大约23%的能源，我们的能源强度是世界平均水平的1.55倍，是日本的4.9倍，还有很大的改进空间。

第一，**最大的潜力在于要调整产业结构**。高耗能产业的占比不应该持续扩张，过去三四十年中国的发展在很大程度上靠的是房地产拉动的高耗能产业。例如水泥产能达到每年二十五六亿吨，占全球的60%。产业结构是提高能效最大的潜力，产业结构有上有下才是进步，是由新常态走向新型发展的必然过程，像新兴服务业既有利于节能又可以吸纳就业。节能提效是世界各国共同的方向，我们需借鉴各国的经验。

第二，**建设性能耗当中的浪费应该减少**。中国房子的空置率非常高。同时，城市建筑中一小半是公共建筑，一多半是居民生活用房，但是公共建筑的能源消耗大于民用住房，每平方米公共建筑的能耗是民用建筑的2.3倍，能源消耗强度非常高，有很大改进空间。

第三，**避免产能过剩导致系统性的能源浪费**。煤电行业的整体情况是在低效运行，现在全国只运行到4000多小时，而煤电厂每年实际可以运行到5000多小时甚至6000小时，在70%开工率的情况下煤电的装机还在增长，所以要防止新的产能过剩。在现在的经济情况下，有可能还会采取一些刺激的措施，会不会带来产能过剩是值得警惕的一件事。

第四，**煤炭的清洁高效利用**。中国一次能源中煤炭占60%。这几年煤炭消耗量总体来说进入下降的阶段，但2017年比2016年有所增长，接下来又进一步增长起来的情形是值得注意的。经济增长和煤炭的消耗可以不一致，经济进一步增长，但煤炭消耗量开始下降，新能源开始上来，这是进步。

现在中国每炼一吨钢消耗的煤炭数每年按照2%在下降，工业用煤炭和散烧煤下降，让煤炭主要用于发电，这样煤炭消耗总量就会降下来。煤电除了供电外，还可以用于适当地调峰和支持可再生能源的发展，有选择地发展煤化工，鼓励碳捕获利用和储存，逐步降低煤耗总量和占比。

第五，**发展低碳能源是改善首选**。首先要高质量高比例地发展非化石能源。考虑到中国非化石能源的经济性、技术能力、制造业能力和与之相关的储能技术，相关的产业链是完全有可能发展的。其次是逐步转向可再生能源。可再生能源发电的成本在下降，在市场上更有竞争力。国际上认为光伏、水电、风电的成本在下降，到2035年会进一步下降，现在海上风电和光热发电还有必要进一步降低成本。最后，必须发展储能。储能技术推动能源革命，储能用途非常多，既可以助推间歇性的可再生能源大规模发展，又可以推动交通能源电气化，还可以推动分布式能源和微网的发展。现在以抽水蓄能为主，但化学储能和电池储能也在快速发展。

四　可再生能源的开发利用

全球能源投资的趋势从煤炭逐步转向可再生能源，2017年全球可再生能源投资超出其他能源总数的两倍以上。德国制定了明确的能源转型目标，到2025年电力的40%多要来自可再生，到2035年占到60%的比例。目前德国1平方公里平均有150千瓦的风机（分散式），中国东南几个省平均值是每平方公里20千瓦，比如江苏、山东风能的资源并不比德国差，如果跟德国比，我们的风电装机容量潜力还有七八倍提升空间。

日本是缺能源的国家，它也在转型，最近发布了能源革新战略，提出多元化、脱碳化、分散化、数字化。依靠虚拟电场，把一大片分布式的光伏、风电联合起来用储能配合，再用大数据管起来，再加上节能这两者来实现能源战略。

美国的数据也很值得思考，美国一共3亿人，大概有1亿个家庭，其中有1/10的家庭用上自发电，太阳能供电达到1000万户，各个州政府非常有积极性地做这件事。如果中国也有1/10的家庭用到了自发电会是什么面貌，这值得我们思考和借鉴。

中国可再生能源进展比较快，需要从战略、规划、政策上更好地进行导向。**分布式是今后发展重要的方向**。我们的目标是，非化石能源加天然气到2020年在能源消耗中的比例达到25%，2035年达到35%，2050年接近60%；电力当中非化石电力的占比目前是30%，2020年能够接近35%，以后还会提高到75%；终端能源当中电力占比在现在25%的基础上会大幅度提高，提高主要是把非发电的终端能源如散烧煤和汽油降下来，可以发展电动汽车、氢燃料电池车等。

我们的能源转型和新型发展具有长期性、艰巨性和复杂性，以上说的趋势并不容易，要经过几十年努力才能实现，但是转型的方向是清晰的，既是国家的目标也是百姓的诉求，还是全球的大势。全球气候和经济委员会最近的报告提出，应对气候变化的行动并不影响经济的增长，相反可以创造新的经济，预计到2030年可以创造26亿美元的经济利益。所以我们要抓住新常态新机遇，实现经济环境的双赢和健康可持续的发展。

（原中国工程院副院长、中国工程院院士　杜祥琬）

疫情影响中国经济的五个判断

本文要点：突如其来的新冠肺炎疫情，对中国的冲击力和冲击面都超过了 2003 年"非典"时期的疫情，它对中国经济乃至世界经济都会产生重大影响。其中，本次疫情冲击最严重的是第三产业；疫情也会影响到中国的进出口贸易；还可能带来制造业产值的下降。本次新冠肺炎疫情对经济的影响取决于中国抗击疫情并获得胜利在时间上的长短。从总体上看，中国经济长期向好的基本面并没有发生改变，如果新冠肺炎疫情在短时间内能够得到有效控制，且速战速决，我们仍然可以确保 2020 年经济发展大局的基本稳定。

判断一：疫情暴发导致中国经济下行是大概率事件，但中国经济长期向好的基本面没有改变。

在新冠疫情影响下，2020年第一季度中国经济将受到严重影响，全年经济下行是大概率事件。但是保持中国经济稳步发展的基本要素没有改变，经济发展的韧性、弹力和空间依然存在，不会因为突发疫情而发生改变。全年经济受到影响的程度，取决于疫情控制的时间点。在三种情境下，会出现三种结果：

第一种情境是最好的情况，即疫情在短期内即2月底能被控制住，那么第一季度GDP增长会在5%左右，第二季度将回升至5.5%以上，第三季度回升到6%，第四季度会超过6%，全年GDP增长在5.5%—6.0%。

第二种情境是如果疫情在中期得到控制，即在3月底左右出现拐点，第一季度GDP增长将下降到5%以下，影响第二季度反弹力度，那么第二季度最多达到5%，第三季度为5.5%，第四季度为6%左右，全年的经济乐观估计增长达5.5%。

第三种情境是如果疫情持续更长时间，甚至到6—7月才被控制住，那么第一季度GDP增长可能不及4.5%，全年的GDP增长将会降到5%以下。

总的来说，疫情在越短时间内控制住，我们的主动性越大，争取第一季度止损，第二、第三、第四季度回归正常轨道的主动性就越大。 如果控制不住疫情，或者疫情出现拐点就放松警惕，或者忽略细节防控，一旦疫情出现反弹或反复，必然对今年经济的增长造成更大的影响。

判断二：疫情对第三产业影响最大，但会出现行业和服务供给方式的替代。

第三产业是受冲击最严重的产业，其中，一方面，**涉及"吃、游、看、学、运"的行业受到的影响会最大**。餐饮业近几年来都是一个超过4万亿元的大市场。平均一个季度就是1万多亿元。

在第一季度,由于居民减少外出和聚餐,餐饮业至少有5000亿元左右的经济损失。旅游、电影、酒店、影视等行业也会遭受重创,展览、交通运输、教育培训等都将受到非常大的影响。

但另一方面,**第三产业也会出现一些新的增长点,包括在线零售、在线医疗、在线游戏、物流快递等领域将呈现出爆发式增长**。第三产业虽然受影响最严重,但其中有些行业具有代替性,特别是服务方式、购买方式变化会使一些行业服务的供给方式出现代替性。本次疫情虽然改变了人们的购买和消费方式,但会培育出一些新的行业,而有些行业则会逆势而上,比如快递行业出现爆发式增长。快递物流行业在春节期间短暂休假后,目前不但恢复了正常运营,在未来疫情结束后随着更大的消费需求会更快增长。

因此,疫情即便是在中期得到抑制,第三产业下降幅度也不会太大,因为人们的消费需求总体上是平衡的。在2003年"非典"期间,中国第三产业占比42%,2019年达到54%,上升了12个百分点;消费支出占GDP贡献上升到57.9%。全年消费需求和第三产业增长,包括社会消费品零售总额的增长不会大幅度减少,第三产业的总需求同样也不会大幅减少,只不过是供给方式会发生变化而已。

判断三:疫情会影响到进出口贸易,但持续增长的趋势不变。

在进出口方面,总体向好趋势不会改变。海关总署数据显示,2019年中国外贸进出口总值达到31.54万亿元,增长3.4%,出现逐季上升之势。第一季度进出口总值为7.03万亿元;第二季度为7.68万亿元;第三季度为8.26万亿元;第四季度为8.59万亿元。2020年的第一季度如果不出现疫情,外贸总值应至少与去年的第一季度持平。

疫情导致大部分出口企业在春节后停产的时间会延长,进出口贸易也会大幅度下降。但出口量较大的广东、浙江、江苏、上海、山东等省份，总体看受疫情影响不大，因此不会大面积影响中国出口规模。进口方面，在近几年增长的基础上，进口额则会大幅度增加。

判断四：疫情将使制造业产值下降，但制造业整体优势仍在。

第一季度制造业产值会受到较大影响，因为在春节前，制造业工厂放假时没有预料到疫情发展的情况，所以除了绝大部分医疗用品和人民生活必需品外，制造业都受到一些影响。医疗用品虽然大幅度增长，但是在制造业的产值中占比较小。所以，制造业大规模恢复生产后才能出现新的增长，这最终要取决于疫情是否得到快速有效的控制。

笔者认为，**第一季度制造业产值会下降30%以上**，但如果很快控制疫情，出现前述第一种情境（即疫情在短期内即2月底能被控制住），制造业还会总体向好。因为中国制造业整体优势并没有消失，制造业体系是世界上最完整的，其产业链、供应链、服务链、价值链是最完整的，大部分制造业产业集群仍在中国。制造业加快转型升级，已经成为普遍行为，这也是制造业高质量持续发展的大趋势。

尽管美国商务部部长罗斯发表言论，说中国的疫情会使就业机会和制造业回到美国，但这在短期内是不可能实现的。因为产业链、供应链、服务链转移的成本高昂，转移不会那么快，围绕产业链形成的整个服务配套能力，以及各产业的上下游关系，是经过几十年市场跨国界寻求供给与需求的市场机制形成的，很难按照美国政客的意愿一蹴而就。所以，如果疫情很快被控制住，投资者不会不顾成本地将制造业转移出中国。虽然不排除有些企业在美国的压力下向美国转移，也不排除有些企业因为2008年以来中国制造业成本上升而在成本因素的驱动下向周边国家转移，但这些与疫情无关，也不会改变中国制造业的集成优势。

中国制造业，在第一季度肯定会大幅下降，但目前正在陆续恢复生产,一旦疫情被控制住,将会补回第一季度的损失,出现超常增长,**全年增长比2019年会略有下降,但不会出现大幅度下行的情境。**

判断五:中央和地方政府各部门陆续出台政策,将以更大力度支持和帮助企业渡过难关。

党中央高度重视并采取了强有力措施,正在带领中国人民打赢当前这场独特的战役。各级政府陆续出台各种恢复经济增长、支持企业的政策措施。中央各部委和地方政府已经采取了各种措施,在确保战胜疫情的前提下,加快恢复生产,保障人民群众正常生活。例如,最近苏州市政府出台支持中小企业渡过难关的政策措施,就是一个具体的可操作的支持中小企业的措施,包括金融支持、保持职工队伍稳定、给企业减负等方面。预计今年政府会继续加大减税降费、定向降息等一系列措施,从各个方面帮助企业渡过难关。

综上所述,我们对中国经济增长受到的损失,要有充分的思想准备,既不能盲目乐观,也不必太悲观。当前应特别注意**做好两方面的疏导工作:**

一是要疏导好对中国经济增长速度的看法。各级政府、经济学家、企业家和社会民众,应正确看待GDP增速的下行问题,对2020年经济的继续下行要有充分的思想准备。不要盯住5%还是6%,这个数字不具备一般意义的衡量标准,因为中国毕竟遭受了一场严重疫情。要疏导民众正确看待GDP增长,中国经济发展阶段已经从高速增长阶段转向高质量发展阶段,主要不在看增速,而是要看发展的质量。当前更不能把经济增长速度看得那么重要,首先要保障人民群众的生命安全与健康。笔者认为,我们要对战胜疫情充满信心和斗志,对经济下行也没有必要恐慌,而应该对中国经济发展保持定力。

二是做好落实政策的疏导工作。必须提前释放明确的政策信

号,千方百计帮助民营企业和中小企业渡过难关。其措施包括加大金融支持、信贷支持力度,降低融资成本,比如考虑对企业恢复生产的贷款免息,特别是要让企业能够稳定队伍和军心,逐步恢复生产,在疫情结束后开足马力,企业如果没有能力给职工支付工资,应该允许他们借贷发工资。现在民营企业实际上不只是"半壁江山"了,民营企业分别占中国税收、GDP、创新、就业、企业总数的50%、60%、70%、80%、90%,这已经是中国经济发展的现实。所以,稳住民营企业和中小企业,其实就稳住了中国经济发展的大盘,就稳住了就业增长的大盘。当然,也要支持国有经济和国有企业发展,特殊时期更要发挥其重要作用。

(中国国际经济交流中心总经济师 陈文玲)

新冠肺炎疫情对经济的影响及对策

本文要点： 新冠肺炎疫情将对交通、旅游、餐饮、娱乐、零售等服务性行业产生显著负面冲击，也将对工业生产、投资与出口增速产生不利影响，从而导致2020年第一季度GDP增速会放缓1—1.5个百分点。疫情对2020年全年GDP增长的影响取决于疫情的持续时间与中国政府采取宏观经济政策的力度。考虑到潜在增速已经下滑、外需拉动不如以前、系统性金融风险尚未得到根本性清理，本次肺炎疫情对中国经济的不利冲击要显著高于2003年"非典"时期对中国经济的影响。为了应对新冠肺炎疫情的不利冲击，中国政府应实施更加宽松的财政货币政策，加快结构性改革，进一步提振市场信心。

一 新冠肺炎疫情对中国经济的三大负面影响

1. 短期经济增长

首先，由于本次肺炎疫情在中国春节假期集中暴发，因此**在短期内，受到肺炎疫情冲击最大的行业当属服务业，尤其是交通、旅游、餐饮、娱乐、零售等行业**。从国民收入核算的收入法视角来看，这将冲击第三产业的增速。从国民收入核算的支出法视角来看，这将冲击最终消费的增速。

我们可以先看一下2003年"非典"疫情暴发对第三产业的影响。在"非典"疫情最为严重的2003年第二季度，第一、第二、第三产业GDP指数同比增速分别为1.7%、11.3%与8.7%。相比之下，2002年第二季度上述增速分别为1.7%、10.0%与9.6%，2003年第一季度上述增速分别为2.8%、13.2%与10.5%。不难看出，2003年"非典"疫情的暴发的确对第三产业增速产生了显著负面影响。2003年第二季度的第三产业增速要比2002年同期下降0.9个百分点，比2003年第一季度下降1.8个百分点。

再看一下2003年"非典"疫情暴发对消费的影响。2003年4—6月，社会消费品零售总额同比增速分别为7.7%、4.3%与8.3%。相比之下，该指标在2002年4—6月，分别为8.2%、9.3%与8.6%。在2003年1—3月，该指标分别为10.0%、8.5%与9.3%。不难看出，"非典"疫情的暴发的确对消费产生了显著的负面影响，尤其是在2003年5月，社会消费品零售总额同比增速比上月下降了3.4个百分点，比2002年同月下降了5.0个百分点。

更加值得注意的是，在当前，无论是第三产业占GDP的比重，还是最终消费占GDP的比重，都显著高于2003年。这就意味着，即使本次肺炎疫情对第三产业与最终消费的冲击与"非典"

相似，那么其对中国经济增长的负面影响，也会显著高于"非典"期间的影响。

其次，随着疫情的演进，目前全国范围内的复工时间已经延迟，这就将对2020年2月的投资增长与出口增长造成不利冲击。复工时间的延迟，必然会影响到制造业、房地产与基建领域的投资增速，也会影响到出口行业的增速。换言之，**随着肺炎疫情对中国经济不利冲击的持续，中国经济增长的另外两驾马车（即投资与出口）也将面临不利冲击**。

综合以上两方面分析，笔者认为，2020年第一季度的经济增长速度可能要比之前预测的速度下降1—1.5个百分点左右。2020年第一季度的GDP增速可能会在4.5%—5.0%左右。

2020年全年的经济增速如何，取决于对以下两个问题的判断：第一，今年肺炎疫情究竟会持续多久？第二，应对措施究竟是否切实有效？ 目前来看，疫情的演变有两种情景：乐观的情景是，疫情在2020年2月达到高峰，2020年3月底疫情基本告一段落。悲观的情景是，疫情可能会持续到整个2020年上半年。那么，这两种情景再结合政府应对的两种情景，就可能出现以下四种结果：其一，疫情悲观，控疫及经济措施切实有效，2020年GDP增速在5.2%—5.3%；其二，疫情乐观，控疫及经济措施切实有效，2020年GDP增速在5.6%—5.7%；其三，疫情乐观，相对保守，2020年GDP增速在5.4%—5.5%；其四，疫情悲观，相对保守，2020年GDP增速在5%上下。不管出现哪种情景，中国政府应根据疫情持续的时间，积极主动确定反周期宏观政策的力度。

2. 通货膨胀

2020年1月，中国居民消费价格指数（CPI）与市场价格指数（PPI）同比增速分别为5.4%与0.1%。众所周知，近期的CPI增速之所以较高，主要是由猪肉价格飙升所致，除了食品价格之外的其他商品价格，基本上处于下跌趋势。因此，在2019年年底，市场普遍认为，本次CPI同比增速的高点将会出现在2020年春节前后，从2020年第二季度起，CPI同比增速有望显著回落。此外，市场认为，随着工业企业库存降低到历史较低水平，企业可能发生温和的补库存行为，这将使得PPI增速非常温和地回升。

然而，新冠肺炎疫情的暴发与持续，有可能改变上述预期。一方面，肺炎疫情的暴发可能同时影响消费品的供给与需求，但其对消费品供给的影响则可能持续更长时间。这就意味着，在2020年春节之后，很多消费品的供给可能会较为滞后，这会导致CPI各分项的价格出现一定程度的上升。换言之，**肺炎疫情可能导致本次CPI同比增速的上涨会持续更长时间，或者回落速度更慢**。另一方面，考虑到肺炎疫情对工业企业的不利冲击，**本次工业企业的补库存行为可能会延迟，或者变得更加微弱，这就意味着PPI增速的回升可能推迟**。

3. 就业市场

2020年即将毕业的大学、大专与高职毕业生人数超过800万，就业压力较大，加之今年中国劳动力市场本就面临较大的结构性失业压力，还有中国经济增速的下行、部分行业（例如互联网金融行业、出口行业）调整等因素，所以2020年的就业形势不太乐观。本次肺炎疫情势必会造成春节之后农民工的就业压力，甚至不排除劳动力市场出现对湖北省输出农民工的临时性歧视现象。在2019年2月与7月，中国城镇调查失业率两次到达5.3%的高点，该指标在2020年上半年可能会高于5.3%。

二　本次疫情的负面冲击要高于2003年"非典"

不少分析人士将2020年类比于2003年，认为不要对疫情的负面冲击过度悲观，而且2020年资本市场可能在疫情结束之后走出新的大行情。诚然，2003年的GDP增速（10.0%）显著高于2002年（9.1%），且中国股市在2004年之后走出了波澜壮阔的大行情，但我们也应该看到，**当前的疫情影响与2003年相比，要特别注意中国目前的经济之内外环境发生了很多结构性变化**。

一是作为驱动长期经济增速最重要的变量，中国的人口年龄结构发生了重大变化。中国的人口年龄结构的拐点是在2010年前后。在2010年之前，劳动人口占总人口比率总体上持续上升，这带来了正向的人口红利。而在2010年之后，劳动人口占总人口比率持续下降，老龄化比重快速上升，萎缩的人口红利导致潜在经济增速持续下行。

二是外部需求对中国经济的拉动效应今非昔比。2001年年底，中国加入WTO。2002—2003年，全球经济正从互联网泡沫破灭后迅速复苏，由此带来中国出口增速高速增长。例如，2003年中国出口月度增速的均值高达34.4%。而在当前，一方面随着中国经济体量的放大，出口对中国经济增长的贡献已经显著下降，另一方面随着全球经济增速的放缓与中美贸易摩擦的升温，中国出口增速已经今非昔比。2019年中国出口月度增速的均值仅为0.4%。值得注意的是，随着中美第一阶段经贸协定的签署，中国要在2020年与2021年多进口2000亿美元的美国商品，这就意味着贸易顺差对短期内中国经济增长的贡献将会进一步下降。

三是中国经济面临的系统性金融风险较之前已显著不同。在1998年前后，中国银行业一度面临巨大的坏账压力，但由于当时中国政府部门杠杆率非常低，中国政府采用了发行特别国债、注资不良资产管理公司、以账面价值从商业银行购买不良贷款的处置方式。到2003年前后，商业银行资产负债表已经焕然一新，系统性金融风险得到了良好处置。而在当前，地方政府债务风险依然处于较高水平、中小商业银行面临较大的潜在坏账风险、房地产行业调控已经处于关键时期，防范系统性金融风险的攻坚战尚未完成。

换言之，**当前中国经济所处阶段，决定了经济增长与风险防控面临的压力要高于 2003 年"非典"时期，因此，不能简单套用 2003 年的"非典"经验**，而对本次肺炎疫情对中国经济的不利冲击抱有过于乐观的态度。

三 如何妥善应对疫情对中国经济的负面影响

首先，中国政府应继续采取强力措施，群防群控，将疫情控制在尽可能小的范围内，让疫情尽可能早地结束。只有这样，才能将肺炎疫情对中国经济的负面影响控制在适当范围内、降低宏观经济政策放松的程度。

其次，中国政府应该实施更加积极的财政政策，尤其是中央财政应该更加发力。笔者认为，今年两会期间，应该将官方财政赤字占 GDP 比率提高到 3.0% 以上。此外，财政部也可以显著提高 2020 年的国债发行规模。中国政府应在公共医疗卫生、劳动力再就业培训、受创行业企业减税降费等领域针对性地投入更多财政资源，以缓解肺炎疫情不利冲击与宏观经济下行压力。

再次，中国央行应实施更加宽松的货币政策。2020 年中国央行有望出台更多的降准与降息措施。中国央行应将 2020 年降准次数提高至 3—4 次，将中期借贷便利（MLF）、常备借贷便利（SLF）和贷款基础利率（LPR）层面的全年累计降息幅度提高至 50 个基点以上。货币政策不应受到临时性通货膨胀率高企的掣肘。

最后，在经济面临下行压力、疫情负面冲击放大的前提下，中国政府应该加快结构性改革。中国政府应该大力推动国企混改、农地流转、更加包容性的城市化、教育医疗养老等服务业行业向民间资本加快开放、新的区域经济一体化等结构性改革措施。这些改革虽然短期内对增长的作用并不是很强,但是它有助于增强市场的信心,并提高中国经济的潜在增速。

(中国社会科学院世界经济与政治研究所研究员　张明)

稳定服务业的四大战略对策

本文要点：本次新冠肺炎疫情使我国正常的社会、经济、生产、消费等活动被打断。战胜疫情成为我们当前最重要的工作，但同时又不得不考虑尽量减少经济损失，稳定社会发展，为2020全年经济增长奠定基础。由于服务业已经是我国经济贡献最主要的产业门类，时下如何稳住服务业，已经成为关键问题之一。针对此问题，本文建议：认真研判疫情变化趋势对外围环境、经济与产业的直接影响；尽快出台应急性稳定服务业的政策；发挥应急领导机制，对服务行业进行分类有效协助；同时积极鼓励和科学引导各企业积极应对，调整经营策略。

本次突发性疫情就是一只"黑天鹅",出乎人们的意料,导致正常的社会、经济、生产、消费等活动被打断。目前全国上下已经动员了巨大的力量投入抗击疫情的过程中,影响和效果正在显现。

一 稳定服务业的措施迫在眉睫

由于疫情防护的需要,在春节假日期间,人们大都很少外出消费。目前,尽管企事业单位开始在有防护措施的条件下陆续上班,但依然需要人们少去公共场合集聚,以免交叉感染。可是人们这样大量的少外出、少集聚就必然减少对居民消费服务品的需求,其中特别是对旅游、交通、宾馆、餐饮、购物、娱乐、健身、车辆服务、政府公共服务等需求的减少,从而导致许多从事服务业、制造业的企业与员工处于未开工的状态,稳定服务业的任务迫在眉睫。

服务业已经是我国最重要的产业门类,GDP 贡献大、吸纳就业多。国家统计局公布的数据表明,随着我国经济的发展,服务业即第三产业已经是我国经济和社会最重要的产业,2019 年第三产业(即服务业)对我国 GDP 的贡献超过了 60%。以 2018 年年底的数据为例,我国就业总量达到 77586 万人,其中第一产业就业人数为 20257.7 万人,第二产业就业人数为 21390.5 万人,第三产业就业人数为 35937.8 万人,占全国就业人口中的 46.3%,它吸纳了最多的就业人口。这一变化,符合配第—克拉克定律,即随着人均 GDP 的增长以及经济发达程度的提高,一个国家或地区的第三产业在 GDP 中的贡献会逐步加大,最高可达 70% 以上。制造业的贡献比重逐步下降至 20%—30%,第一产业则减少至 5% 以下,而第三产业是吸纳就业人口最多的产业。

消费服务业比重很大,是服务业中的主要部分。现代产业体系中的服务业包括两个重要方面：一是为消费者服务的服务业，即为国内外所有消费者提供优质满意的性价比高的各类服务，例如为消费者提供的衣食住行、通信、信息、学习等服务；二是为生产者服务的服务业，即为一、二、三产业内的生产者尤其是制造业企业提供优质满意及时的服务，这类服务通常称为生产性服务，如供应链服务、维修服务、金融服务、人力资源服务、专业咨询服务、分销服务等。在发达国家第三产业贡献的增加值中，消费服务业贡献的增加值一般为30%，生产性服务业贡献比例为70%。**在我国目前的服务业中，消费服务业贡献的增加值占了大头，为60%左右，且在生产性服务业中还将进一步提高与发展。**由于这样的比例结构，**我国涉及居民生活工作的消费服务业就成为经济稳定与增长的核心产业。**

服务业的产业波和服务品有自己的特性。疫情导致对旅游、交通、宾馆、餐饮、购物、娱乐、健身、车辆服务、政府公共服务等消费服务行业需求的减少，会由此关联波及这些服务行业的上游产业，如宾馆用品生产行业、旅游用品行业等。如此，由于产业的关联性就形成连锁反应，即服务业的需求下行会导致相关制造业的产品需求也下行，例如短期内人们可能减少对耐用消费品（如汽车、家用电器、手机等）的购买，进而影响几乎所有消费品制造业的生产分销。

另外，服务品也有自己的特性：一是同一性，即生产的过程同时也是消费的过程；二是不可储存性，即服务品一旦生产就必须消费。服务品的生产不像制造业工业产品的生产，是不可能先生产储存服务品然后等待疫情过后再分销给消费者的。因此，社会对服务品需求的下降就是服务业生产能力的放空，也就是服务业生产的下降。这样来看，**本次疫情的特点就决定了服务业内多数消费服务行业生存与发展将受到极大的影响，并通过这些行业会波及相关的服务行业和相关的制造业，甚至波及农业。**可以这么说，疫情持续时间越长，其对服务业及相关行业影响的深度与广度就越大。

经济与产业的问题首先就是企业的问题。 如果本次疫情导致我国服务业大幅度衰退，即便部分企业开始复工，由于疫情导致服务消费不足，还有许多服务企业的正常生产经营将十分困难。一方面，企业的固定支出在继续；另一方面，正常的经营收入则大大减少，这样有些企业的资金状况就会出问题，企业危机就将产生。而**大量服务业企业开工不足或歇业停工，必然导致大量临时性失业人口出现**。此外，我们还要考虑由于疫情导致的我国外围经济环境恶化的可能性，例如进出口货物受阻等。

二 稳定服务业需要正确的战略对策

在全力抗击疫情的同时，又不得不考虑尽量减少经济损失，稳定经济大局，稳定社会发展。笔者认为，稳住服务业，稳住服务业的就业人口，就稳住了2020年中国经济大局。稳住服务业，首先是稳住服务业中的大量的中小企业，这些企业抗风险能力差，如果一两个月没有客户、没有生意就可能关门歇业。这是一个十分重大的现实问题。解决这个问题的战略性对策，笔者以为有四个方面：

第一，**认真研判疫情变化趋势对外围环境、经济与产业的直接影响**。首先，贸易保护主义导致的逆全球化并不一定会因为中美签订了第一阶段贸易协定而终止，未来会不会因为疫情进一步扩散的严峻性，使得其他国家或地区采取措施而导致我国对外的正常人员交往、货物进出口等受到相当一段时间的影响？汇率会怎么变化？其次，密切关注防治疫情的各项措施对消费服务业产生的直接重大影响，考虑由于消费服务业的关联性会波及消费品制造业，然后是生产性服务业，其后则是其他制造业。经济与产业的整体性状况必然影响到市场变化，包括资本市场，例如最近证券市场的波动已经说明问题。因此要注意判断，究竟是短期的影响还是长期的影响。针对上述两种判断，我们都必须要有切实有效的应对策略。

第二，**尽快出台应急性稳定服务业的政策**。本次疫情对服务业、服务企业的影响是很大的，企业再努力自救也只能减少一部分损失，以2020年春节的一些服务业状况为例：春节黄金周1月24日至30日，全国出行人数1.5亿人次，比2019年春节黄金周下降63.9%；今年春节期间的餐饮行业收入预计减少5000亿元，酒店行业的损失同样是巨大的，因为员工的工资就是一笔巨大的开支。笔者认为，国家应该考虑出台稳定服务业发展的系列政策，对受疫情影响特别大的行业如旅游、交通、宾馆、餐饮、购物、娱乐等，**设计出台一揽子政策包括且不限于税收返还、失业救济、租金减免、资金支持、创新鼓励、公共网络平台使用等**，切实稳定服务业发展，稳定服务业中小企业与相应就业人员，进而为今年的全年经济增长奠定基础。

第三，**建立应急领导机制，对服务行业进行有效协助**。一般说来，服务业支持政策有了，并不表示大量的服务行业的中小企业发展就稳定了，服务业就稳定了，因为服务业是一个十分庞杂的大类产业，许多服务性行业所遇到的问题和困难是完全不同的。有些服务需求（如餐饮）是可以替代的，有些服务需求（如旅游）暂时是非必需的，有些服务需求（如水电煤、生活物资供应）是必需的。为此，政策执行者需要有针对具体不同行业的应急政策操作方案，尤其要积极主动对不同行业中小服务企业的困难进行有效协助，提供应急政策的咨询和帮助。然而不同的服务行业分属不同地方政府的委办局管理，如许多消费服务行业由商务厅分管，而生产服务业则属经信委，税收、人力资源、失业救济等都由不同机构主理等。为此，**可成立一个临时的稳定服务业**

发展的应急领导机构，进行统一指挥、有效协助，帮助服务行业的中小企业渡过难关。

第四，**鼓励服务行业各企业积极应对危机，调整经营策略**。可以预计，整个服务性市场在未来可能会有一段时间的低迷，即便疫情得到很快的抑制，但受过疫情创伤的人们心理上要适应正常生产生活，也还需要一段过渡时间。因此，政府在颁布服务业应对危机政策的同时，还要鼓励中小企业积极应对疫情导致的服务市场的萧条，调整自己的经营策略、用工策略，采取措施降低成本，开拓新业务。例如，可以鼓励企业从互联网线下的分销经营调整为互联网线上的分销经营；调整或延期正在投资的项目以观察未来市场变化以及保护资金链的安全；稳定现有的合作关系或开展更好的战略联盟以共渡难关。

（复旦大学管理学院教授　芮明杰）

全球能源治理的变革趋势与应对

本文要点： 近年来，全球能源治理的主体与治理对象、全球能源治理的特点内涵与治理工具、全球能源治理面临的主要外部挑战与能源治理模式机制都发生了巨大变化。导致变化的因素包括：国际格局东升西降、能源结构革命及能源科技高速发展、世界能源产出国和消费国实力此消彼长、能源金融全球化等。世界主要大国围绕能源供应、控制能源战略通道、影响国际能源市场价格等展开了竞争，并抓住全球能源治理体系的转型机遇，以推动实现自身在地缘政治经济博弈中的利益诉求。结构性变化给世界主要大国既带来了机遇，也带来了新的挑战，尤其对新兴国家将产生重大影响。中国应当致力于提高把握国际能源结构性变革机遇，通过加强全球能源治理，为中国国家发展提供战略保障和长远支持。

当前全球能源治理体系矛盾突出，治理效率低下，治理能力不足，随着2020年油价跌至20美元，全球油气生产国、跨国公司出现新一轮洗牌，伴随而来的全球能源格局和治理体系都在发生重大变化，能源博弈和转型正在对主要大国的全球地缘经济地位、地缘政治形势及话语权产生影响。中国作为全球最大的能源生产和消费国之一，也是当前全球能源治理进程的重要参与者和贡献者，具有广阔的市场发展空间，要积极参与多种能源治理机制，致力于提高在全球能源治理制度建设中的话语权。

一 全球能源治理的变化趋势及影响

在全球化时代，以化石能源为主、涵盖几乎所有国家与地区的全球能源市场基本形成。然而，能源安全、价格竞争、负外部性等诸多问题不断涌现，加之能源是涉及国家安全、战略资源的核心领域，因而能源问题常呈现出复杂的特质。

第一，**全球能源治理的宏观背景发生了明显变化**。全球能源格局正经历着深刻变革，低油价时代下传统的石油供需版图逐步改变：一是**世界石油的生产中心呈现出"东降西升"的趋势**，美国页岩油气革命的冲击致使石油输出国组织欧佩克的能源生产权力逐步衰落，并且在全球原油市场中的地位逐渐下降。与此同时，美国石油产量激增打破全球供应平衡。美、俄、沙特共同主导全球石油生产和供应格局，由此形成了复杂而微妙的三角博弈关系。二是**全球石油生产呈现"多中心化"发展趋势**，多种新兴供应源相继出现，包括巴西盐下油、几内亚湾与墨西哥湾深海油气勘探开发、加拿大油砂开发等。三是**全球能源消费的主流已从"碳化"逐渐转向"脱碳化"**。伴随着清洁能源科技的推陈出新，可再生能源的成本大幅下降，低价可再生能源将降低对化石能源的依赖。

加入《巴黎协定》的 194 个国家已做出承诺，将减少使用化石能源并提高清洁能源在各国能源消费结构中的比重。

第二，**全球能源市场逐渐进入低油价时代**。美国首次于 2018 年超过俄罗斯和沙特阿拉伯成为全球最大的产油国，2018 年美国石油日产量飙升逾 200 万桶，2019 年还会进一步攀升。尽管美国对伊朗实施了制裁，但伊朗仍在出售原油。闲置产能充裕的沙特的原油产量已接近历史最高水平，俄罗斯也扩大了原油开发和出口。此外，全球新能源对石油的替代正在加速进行。这些因素共同推动了国际石油价格的下跌。

第三，**全球能源供应格局深受地缘政治影响，欧佩克地位遭到弱化**。作为全球最重要的产油国组织，欧佩克正面临着其成立以来最严峻的挑战。2018 年可以被称为欧佩克发展的"十字路口"，在这一年卡塔尔宣布退出欧佩克和欧佩克达成新一轮"减产协议"。当前，欧佩克产油国通过联合采取规定价格、生产配额制的集体行动共同抬高国际石油价格，但能源供应国之间也存在利益冲突并导致长期的能源地缘政治斗争，这主要表现为对国际能源市场份额的竞争。能源供应国可通过向国际市场持续大量供应能源商品来挤压其他能源供应国的市场份额，也可通过控制能源输送通道的走向而为本国获取更多能源出口渠道。这种**成员供应国之间的利益矛盾**提高了它们的异质性，大大削弱了其集体行动的成效，**导致欧佩克对石油价格的影响力大不如前**，也导致在 2020 年疫情期间，欧佩克和俄罗斯的集体减产行动失败和油价震荡局面。

第四，**全球能源治理最重要的改变在于供需结构的变化**。从能源需求的角度看，最大的变化体现在发展中国家的能源需求增长将占据主要部分，特别是新兴经济体的能源需求大增；而发达国家的能源需求已出现结构性减少趋势。从能源供应的角度看，**当前美国大力追求能源独立的目标使得现有的全球能源格局和地**

缘政治受到冲击。在美国特朗普政府回归传统能源政策背景下，美国将在未来 10 年通过出口能源资源、出售能源基础设施、支持油气资源开发力度等手段获得超过 360 亿美元的财政收入。另外，石油天然气开采将获得专项资金，这一资金投入预期将为美国政府在 2027 年以前带来超过 18 亿美元的回报；同时，该预算提议将墨西哥湾域内石油天然气开采收入的 37% 投入路易斯安那、得克萨斯、密西西比和亚拉巴马州的石油天然气开发中。特朗普政府计划通过公私合作伙伴关系和税收激励私人投资的方式在基础设施上投资 1 万亿美元，并把重点放在天然气、石油和电力能源基础设施上。

第五，**能源金融治理依然被西方国家所主导**。当前能源尤其是石油的金融属性较为突出，通过能源金融衍生品基本上可以掌控能源价格形成的主动权。在期货市场出现后，能源更是逐渐脱离商品属性，其金融属性进一步加深。目前，能源现货市场与金融衍生品市场相互作用和影响，**全球主要能源交易市场被以美国为首的西方发达国家所垄断**，包括纽约商品交易所、伦敦国际石油交易所和东京工业品交易所。在投机者的把控下，石油等能源资源产品价格严重脱离供需关系，导致能源价格波动性增大。此外，全球金融市场上石油等大宗商品交易几乎全部以美元定价，使得美国可以通过其金融政策的变动影响国际石油价格的波动。

二　能源地缘博弈聚焦于能源治理主导权

结构性变化给世界主要大国既带来了机遇，也带来了新的挑战，尤其对新兴国家将产生重大影响。中国应当致力于提高把握国际能源结构性变革机遇，通过加强全球能源治理，为中国国家发展提供战略保障和长远支持。

第一，**能源价格是能源供应国与消费国博弈的焦点，而地缘政治影响往往是能源市场中的颠覆性因素**。围绕国际能源价格，能源供应国与消费国之间往往进行复杂的政治、经济、外交甚至军事斗争。能源供应国通过联合生产控制等手段维持国际能源价格高位，而能源消费国通过发展新技术和替代能源以及节约对能源的使用等进行能源的需求管理，从而确保能源价格的合理稳定。此外，能源也是能源供应国与消费国达到政治、经济及外交目的的重要手段，能源消费国以能源出口封锁等制裁手段来打击敌对能源供应国，而能源供应国以能源供应中断等手段来打击敌对能源消费国。

第二，**围绕化石能源与可再生能源主导权的斗争**。目前，以美国、俄罗斯等为代表的传统化石能源资源丰富的国家仍旧主导着世界能源格局。这些大国的能源地缘博弈主要围绕对传统化石能源产地、进出口运输通道的控制。而为保障能源安全和环境可持续发展，削弱因传统化石能源竞争所带来的政治不稳定性，越来越多的国家开始推动可再生能源在世界能源格局中的主导权。

第三，**围绕主要能源地缘节点和通道的竞争在持续**。一方面，在化石能源的主导权斗争中，当前**世界主要大国对能源供应中心持续进行着控制与反控制**。当前中东石油输出国寻求新兴能源市场，中国、印度等新兴市场国家高度依赖中东能源供应，在中东地区经济发展中发挥重要作用，政治影响力也呈上升趋势。欧盟、日本对中东能源有较大依赖，注重加强与中东产油国的经济合作，但其总体上追随美国战略，与美国中东政策高度配合，助推中东国家的民主化改造。另一方面，传统化石能源主要依赖海运、管道、公路、铁路等方式进行物理运输，可再生能源则主要转化为电之后通过电网输送。传统化石能源的稀缺性及地理分布的不均衡性，使得**能源运输通道成为能源地缘政治博弈的重要对象**，尤其是漫长海上运输线中的狭窄通道成为世界主要大国争夺控制权的区域。油气管道线路、跨地区电网的地缘政治博弈主要表现在以美国为首的西方国家与俄罗斯之间以及中印日等能源消费大国之间的竞争。

三 积极参与和引领全球能源治理体系变革

第一，**中国不断加大与中东地区的政治和经济合作**。中国不干涉中东地区内部事务，不寻求军事影响，主要是与各产油国发展良好的政治关系，并加强能源合作，加大在该地区的能源投资力度以提升影响力。同时，中东产油国在向美国等发达国家出口额下降的情况下，出口的战略重心向东方转移，与中国等新兴市场国家的能源合作关系迅速升温。

第二，**中国参与全球能源治理的形式以对话、交流及政策协调为主**。中国在未来国际体系中的地位受到中国在新一代能源治理体系中的地位的影响。**争取在全球清洁能源治理中取得主导权**是中国在国际能源体系中发挥影响的必经之路。为此，中国需要在外交层面构建内外联通的能源治理体系，推进中国能源消费革命、供给革命、技术革命和体制革命，并在此基础上推进全球能源合作，提高中国在全球能源治理体系中的作用和影响。

第三，中国在**全球能源治理合作**过程中，一是可以联合欧盟在全球能源治理中发挥更为积极的作用；二是力争通过《国际能源宪章》、国际能源署及二十国集团等主要治理机制，运用国际制度的力量推动全球能源治理；三是保证能源资源供应，尤其是能源运输通道的安全性；四是积极推行能源进口多元化战略，避免对某单一能源渠道的依赖。

第四，**中国需要积极发展新能源技术**，推动可再生能源在世界能源格局中的主导权，积极参加全球资源投资，进行全球布局。

第五,**积极融入并争取引导全球能源治理**,加强能源安全领域的公共外交,充分利用多边机制发挥在气候变化谈判及全球清洁能源等领域的影响力。

(上海国际问题研究院比较政治和公共政策所
所长、研究员 于宏源)

北极在全球能源转型中的作用及中国的策略选择

本文要点：随着气候变暖、冰雪融化，北极的发展已从"科学探索"转向"商业开发"。北极有着丰富的能源及矿产资源，其中天然气开发、稀土资源利用、风电开发和可再生能源制氢，有望成为全球能源转型的助推器。但北极的能源开发也面临着难度大、环保要求高、地缘政治不稳定等问题。中国的对策选择应是尽快制定北极能源开发战略，深化与俄罗斯的合作，重视在北极的人文软实力建设，提高极地装备制造的技术水平，与日韩印加强合作，构建北极航线，并逐步积累技术储备。

一 北极丰富的能源资源助力全球能源转型

能源开发的深入使北极在全球能源转型中的作用逐步显现。

（一）北极的天然气资源开发有望助推全球能源转型

北极具有丰富的油气资源，已探明目前可开发的石油、天然气、天然气液储量分别为900亿桶、1669万亿立方米和440亿桶，分别占世界已探明储量的13%、30%和20%。北极地区已发现了400个油田，有超过1万口钻井运营，但在低油价情况下无法实现盈利。随着挪威海上石油和阿拉斯加陆上石油在油价35美元/桶的情况下就能实现盈利，以及亚马尔和阿拉斯加液化天然气项目的启动，北极油气开发逐渐具有了竞争力。

北极地区天然气供给的增加，对全球能源消费的清洁化转型具有重要的作用。北极地区的天然气及天然气液储量极为丰富，亚马尔项目的天然气可采储量达到1.3万亿立方米，凝析油可采储量为6000万吨。预计将建成3条年产量达550万吨的液化天然气生产线，第一条生产线已于2017年12月投产。俄罗斯在北极开发的LNG2液化天然气项目也已投产，年产液化天然气1980万吨。美国阿拉斯加州的天然气管道和液化天然气出口项目也在积极推进，每年可生产1500万—1800万吨液化天然气。

（二）北极的稀土资源是能源转型的关键参与者

北极有着丰富的稀土资源，稀土氧化物资源约为1.27亿吨，稀土项目的开发有助于全球能源转型。稀土是战略资源，常应用于国防领域以及高科技设备和汽车零部件的生产，但同时稀土也可应用于可再生能源领域，如太阳能电池板、直驱式风力涡轮机和电动汽车的生产。如果全球要达到《巴黎协定》所要求的温室气体排放目标，到2050年稀土材料的供应量必须增加12倍。目前全球190家公司都在寻找稀土资源。俄罗斯和加拿大已经计划

2023年开始稀土生产，格陵兰岛计划2021年开始稀土生产。

（三）北极是实现全球可再生电力互联的必经之地

北极具有丰富的水电、风能、太阳能、地热能等可再生资源，目前主要开发的是水电。北极地区水电装机容量超过80吉瓦，是北极地区电力的主要来源。美国成立了北极可再生能源工作组，将可再生能源和储能技术整合到社区发电中，并吸引可再生能源投资。加拿大、冰岛等国也大力发展北极的可再生能源。风电是北极地区最具开发潜力的可再生能源。中国提出了全球能源互联网方案，北极地区在实现北半球三大洲电网联网方面拥有无与伦比的地理位置优势。开发北极风电，将电力通过超高压送到东北亚、欧洲和北美洲，对全球的能源转型将具有里程碑的意义。

（四）丰富未来全球可再生能源制氢供应链

氢能被认为是能源转型的终极目标，其中生产无碳排放的绿色氢能是氢能利用的关键。北极丰富的可再生能源可用来生产绿色氢能，并运输到全球各地，是全球能源转型的有效路径。冰岛和挪威正在考虑利用过剩水电及风能、地热能等可再生能源生产绿色氢能。日本与挪威共同实施了利用风力发电生产氢能的合作项目。同时挪威也在和壳牌及瑞士的能源公司合作，启动利用碳捕捉和存储技术从天然气的副产品中制氢的前期调研。一旦这些项目获得成功，将会快速推动全球能源转型和氢能产业发展。

二 北极能源开发面临的巨大挑战

北极地区的油气等能源开发正在逐步深入，但由于北极自然环境特殊，在开发利用时也面临着巨大的挑战。

挑战一：北极油气资源开发难度大、成本高。

北极冬季的严酷天气条件对设备承受极度低温的要求较高，夏季则需要在类似沼泽的北极冻原地区作业，难度很大。北极陆上土壤条件极其恶劣，如果不对场站进行特殊处理，设备和建筑物有沉降的危险。北极海域的流冰也会损害海上设施。北极与其他地区距离遥远，在这里作业还需要更多的设备和更大的库存。

挑战二：对环保的要求极其严格。

北极自然环境脆弱，自我修复及调节能力极弱，一旦出现油气泄漏，不但清理成本高昂，还会对北极的动植物造成毁灭性的打击，对北极环境造成难以挽回的损失。北极的航运业由于排放温室气体也会对自然环境和生态系统造成影响。目前，芬兰、俄罗斯等国已经开发出以天然气或核能为动力的大型运输船和破冰船，意在减少对北极生态系统的影响。北极地区的油气开发也一直面临着环境组织和原住民的反对，抗议活动持续不断。

挑战三：北极地区的地缘政治风险一直存在。

一是俄罗斯在北极部署军事基地，美国对此密切关注，同时也加强了重型破冰船的研发。未来俄美在北极的对抗会不断持续。二是北极国家之间领土争端会影响北极经济开发的正常进行。三是俄罗斯和加拿大宣称对北极东北航道和西北航道的主权，并通过各种法规对航道实行单方面控制，收取高昂的破冰和领航服务费以及通行费，严重影响了北极航道的正常运转。四是北极国家对北极的治理模式一直具有"排他性"的思维，对北极治理的全球化模式有抵触，北极域外国家与北极国家在参与北极治理开发以及权益分配等方面的博弈将会持续较长时间。

三 中国的策略选择

中国于 2013 年 5 月 15 日正式成为北极理事会永久观察员国，表明国际社会对中国作为"北极利益攸关方"身份的承认。中国一直本着尊重、合作、共赢、可持续的原则参与北极事务。

第一，**应尽快制定北极能源开发战略**。北极的天然气储量远高于石油储量，中国的北极能源开发应以天然气为主，鼓励国有企业和私营企业积极参与其中。打通中国"冰上丝绸之路"的能源通道，是保障中国能源安全和加速中国能源转型的重要途径，同时也可为中国未来在北极地区的全方位开发奠定坚实的基础。

第二，**深化与俄罗斯在北极的天然气开发合作**。北极天然气开发的关键是俄罗斯。俄罗斯不仅拥有北极最多的天然气储量，同时还经营着连接东北亚的北方海上航道。俄罗斯遭受美欧的经济制裁后其天然气贸易的重心逐步转向亚太市场，同时经济制裁也造成了俄罗斯在能源领域的资金和技术匮乏，这为中国与俄罗斯在北极天然气开发合作提供了契机。中石油、中石化、中海油、国家开发银行等已经参股俄罗斯北极地区的亚马尔和LNG2液化天然气项目。此外，俄罗斯北极地区的另一个液化天然气项目LNG3第一口井也已经开始钻探，未来天然气开发量可达9000亿立方米，对此我们也应及早布局，争取主动。

第三，**重视在北极地区的人文软实力建设**。此前中国的北极科考重点关注海洋学、天文学和气象学，对北极当地原住民的历史文化传统、人文地理信息、经济区划、中国参与北极经济开发对当地原住民的影响等研究非常匮乏，这无疑会影响中国的投资绩效。在未来北极能源开发过程中，在进行政府外交的同时，也需要重视对北极原住民社区的研究与交流，密切关注当地原住民的利益和需求，履行企业的社会责任。

第四，**不断提高极地装备制造的技术水平**。北极能源开发与储运离不开极地油气技术装备和基础设施的支撑。作为后来者，中国在破冰船、抗冰油轮和搜救装备等技术装备领域并不具备竞争力，而芬兰、俄罗斯是破冰船设计建造强国，我们应加强同这些国家的技术合作，最终才能实现北极能源"国货国运"的目标。目前，中国在亚马尔液化天然气的建设运营过程中逐步具备了在北极地区开发天然气所需的勘探开发、工程设计以及模块建造等技术能力，同时也培养了大批北极气田开发技术人才，这将为中国深度参与北极开发提供技术支撑。

第五，**争取与日韩印的合作共赢**。中国、日本、韩国及印度是俄罗斯天然气亚洲市场的主要购买方。目前俄罗斯在天然气市场博弈中处于主动地位，中日韩三国完全处于被动地位。对此，中日韩三方启动了北极事务高级别对话，在加强北极国际合作、开展科学研究和探索商业合作等方面展开了交流。此外，三方还可以联合起来，甚至拉上印度，成立类似天然气消费者联盟的组织，利用买方的市场力量为自己争取更大的利益。

第六，**参与北极航线的构建**。北极航线作为能源海洋运输的新通道，在距离、成本和安全性上更具优势，有望成为联系北欧、东北亚以及北美洲的黄金水道。中国可充分利用北极理事会正式观察员国的身份，尽早参与北极理事会关于能源和航道开发国际机制的构建，参与北极航道基础设施建设，开展航道研究，依法开展商业试航，稳步推进北极航道的商业化利用和常态化运行。

第七，**积累风电、稀土开发和可再生能源制氢的技术储备**。北极的风电开发、稀土开发和可再生能源制氢在未来能源转型中将扮演重要角色。我们应加强与北极国家的技术研发合作，积极参与北极地区风电开发、稀土开发和可再生能源制氢示范项目，为未来顺利进入这些领域积累开发经验，提供技术储备。

（中国社会科学院世界经济与政治研究所副研究员　魏蔚）

中国如何应对澜湄水资源合作

本文要点：澜沧江—湄公河水资源面临的长期问题包括：高频度的洪旱灾害威胁，不合理的水资源利用与保护的矛盾，沿岸国家利用方式的结构性矛盾，域外力量的持续介入及流域内制度供给不足等，这极易诱发沿岸国家间的紧张关系。涉水国际法一般原则的核心内容为：公平合理利用、不造成重大伤害、合作与信息交换以及流域国协定优先。澜湄水资源合作应充分利用这些一般性原则，针对澜湄水资源面临的长期问题，分阶段有重点地开展合作，建立流域管理制度，规避相关国际法和国际社会压力可能带来的风险。

一 澜湄水资源利用与保护面临的核心问题

第一,**洪旱频度高**。湄公河流域属于季风气候,年际变化大,根据湄公河委员会的统计,50%的年份属于正常年,25%的年份属于干旱年份,25%的年份属于洪水年份。随着全球气候变化带来的影响,湄公河将长期面临更大的洪旱灾害风险。

第二,**水资源的合理利用与保护问题日益突出**。湄公河三角洲开发过度,稻田和养殖业发展导致用水量大增,现有的利用方式已不可持续。越南政府不得不开始实施"三角洲再造工程";柬埔寨洞里萨湖流域因过度开发农业,使得红树林的面积减少,环境破坏严重,渔业大受影响;老挝不断扩大农业种植面积,农业商业化十分迅速,带来了一系列环境和水资源问题。同时,湄公河流域经济快速发展,城市迅速扩大,对水资源需求也在不断增加,这种开发利用与保护的冲突,在异常的气候条件下容易激化国家间的矛盾。

第三,**流域各国对水资源的利用具有结构性矛盾**。中国境内澜沧江多属高山峡谷,落差大,多数地方种植不占优势,却是水电开发的"富矿";缅甸在湄公河流域面积占比小,且属少数民族地区,中央政府不太关注;老挝致力于大力发展水电,成为东南亚的"电池",近年来也发展农业灌溉;泰国关注东北部干旱地区的农业,一直希望从水资源相对富余的老挝调水;柬埔寨的渔业是其重要产业,同时近年来也大力发展水电和灌溉农业;越南湄公河三角洲是大米和渔业生产的重要基地,对地区粮食安全有重要价值。国家间不同利用方式的结构性矛盾相互影响,冲突的风险很大。

第四,**域外力量的介入**虽有提升本地能力的积极作用,但**干扰了内生机制的发展**。目前有"美湄合作""日湄合作""韩湄合作"和澳大利亚的"大湄公河水资源项目",欧洲国家、世界银行、亚洲开发银行和联合国机构均与湄公河流域内的不同行为体开展长期合作,引入了发达国家的治理理念、技术、途径和方法,其中有的方法"水土不服",并没有达到解决问题的目的,却挤压了本地治理技术和机制发展的空间。

第五,**现有水资源管理协调制度存在局限,不能满足现实需要**。首先,越南、柬埔寨、老挝和泰国在1995年签署了《湄公河可持续发展合作协定》,其合作职能仅限于干流水资源利用,对其他水资源领域的合作缺乏有效的制度安排,且每五年更新一次的《流域发展规划》也是一种软性的指导文件。其次,成员国从事水资源管理的能力不足,无法获得公平的协商结果,如柬埔寨因缺乏足够能力,在与越南压力电站的冲突协调中未能获得必要补偿。再次,域外国家参与湄公河水资源合作,对中国开展澜湄水资源合作具有积极和消极双重影响,如"美湄合作"帮助湄公河国家提高环保标准,使得中国投资的水资源项目成本增加。最后,作为全流域管理机制的澜湄水资源合作刚刚开始,还没有进入有法律约束的层面。

二 涉水国际法一般性原则与湄公河协定

2014年生效的《国际水道非航行使用法公约》总结了世界上多个关于国际水资源利用的法律实践,其**一般性原则**包括以下几点:

原则一:公平合理使用。

公平原则的核心是水道国均有使用其领土内的水资源的权利,但是这种权利并不意味着要"平等分配"水资源,而是要合理地利用。合理是指利用方式的合理性,即利用必须基于水道国的需要并符合自然规律,要努力实现可持续的利用,杜绝水资源的浪费。为了实现公平合理使用，该公约从自然、社会、经济、成本、影响等方面提出了7个要素，要求水道国综合考虑，通过协商实现水道国公平合理地共享水资源。

原则二：不造成显著伤害。

该公约第七条第一款指出，"水道国在自己领土内利用国际水道时，应采取一切适当措施，防止对其他水道国造成重大损害"。如果产生了重大伤害，则要求伤害国与被伤害国进行平等协商，采取必要措施消除、减缓或给予补偿。但是，实施这一原则的困难在于如何定义"重大"及"重大伤害"的范围。

原则三：合作与信息分享。

该公约要求水道国在主权平等、领土完整、互利和善意的基础上进行合作，如果有必要可以考虑设立联合机制或委员会，并经常性交换有关水道的便捷可得的数据和资料，如果其他水道国需要的数据是非常规的，应尽可能收集并协商费用的承担问题。

1995年越、柬、老、泰四国签署的《湄公河可持续发展合作协定》在尊重主权平等和领土完整的基础上，规定了成员国使用和保护水源的义务，实现合理公平使用，在区域决策上规定了事前告知、咨询及获得特别同意的三大义务。成员国负有维持适宜干流流量，采取适当措施预防和终止有害影响，以及维护自由航行的责任。随后逐步形成了5个具体议程，细化了协定内容。从国际法的视角看，不同国家和组织与湄公河流域国家的合作都是技术合作和技术援助，还没有进入国际法领域。当前**湄公河流域具有国际法律性质的只有可以约束成员国的行为的《湄公河可持续发展合作协定》**。

三 澜湄水资源合作的应对策略

第一，深入探讨适用于澜湄流域的区域性制度安排。更多地利用国际法律来规范国家间关系是国际发展的趋势，因此建立和运用具有法律效力的规则是中国处理国家间关系的一项原则。中国在与流域国家完善双边和多边协议的基础上，应积极探讨澜湄合作的区域制度安排，更好地服务于流域内成员国的需要，促进流域和平。

第一，应对现有协定进行评估：一是**评估《国际水道非航行使用法公约》在澜湄流域的实用性**。一方面，《公约》规定：水道国另有协定除外，即如果发生争端，按照水道国间的协议执行，不受公约的约束。也就是说水道国间的协定优先于《公约》。另一方面，澜湄流域只有越南加入了该公约，从受益的角度看最有可能加入的国家是柬埔寨和缅甸，泰国是否加入对其利益影响不大，老挝作为补水量最大的国家参与的积极性不高。因此区域性的有法律约束力的协定可能更实用和具有吸引力。

二是**评估《湄公河可持续发展合作协定》的效用**。不同群体对湄公河委员会的期许和作用认识差异较大：湄公河委员会及其相关部门认为该协定避免了国家间冲突，促进了合作；学者认为各国在湄公河委员会的合作中主要是维护本国利益；民间组织认为湄公河委员会没有发挥其维护河流整体利益和弱势群体利益的作用。对该制度的效用评估有助于探索未来的区域制度安排。

第二，澜湄合作现阶段的任务是针对现实问题开展合作。一是**解决洪旱灾害和水资源合理利用问题**。洪旱灾害是澜沧江—湄公河长期存在的问题，特别是柬埔寨和越南面临洪旱灾害风险很高，也是湄公河委员会关注的重点。澜湄水资源合作应该与湄公河委员会建立更密切的合作关系，在数据和信息分享、能力建设和应对极端事件方面开展广泛的合作，可考虑在对等的基础上澜湄六国交换全年的水文数据。

二是**维持澜湄干流流量以及应对极端洪旱问题**。对于维持干流流量，可以研究历年的统计数据，探讨不同降水条件下的干流最低流量,在制度方面可以采取中国行之有效的出境断面管理,各司其职。在应对极端洪旱灾害方面,可以考虑成立澜湄大型水库运用企业协会,制定预案。

三是**应对水资源需求增加问题**。澜湄水资源数量有限,但是随着流域经济社会的发展,各国对水资源的需求不断增加。澜湄水资源合作应该评估水资源利用的现状和未来需求,识别出不合理的资源利用方式,提出合理利用的技术和路径。识别和划定重点水源和生态敏感区,开展有针对性的保护。

第三,**分阶段有重点地开展合作**。首先,澜湄水资源合作应根据《澜沧江—湄公河合作五年行动计划(2018—2022)》,**将洪旱灾害的预防、预警、救灾和灾后恢复与发展作为重要合作内容**,从数据与信息采集、分享和使用方面建立必要的制度,提升流域的技术和管理能力,制订极端洪旱灾害行动计划。

其次,澜湄水资源合作的下一个五年行动计划(2023—2027)**应重点开展水资源合理利用与保护领域的合作**。探讨合理利用的技术和制度,提升相应的能力。对水资源保护开展全流域的调查研究,重点评估关键河段,识别出重点区域和领域开展合作。

最后,澜湄水资源合作的第三个五年行动计划(2028—2032)**应重点研究制定全流域的管理制度**。建立流域管理制度、程序和运行方式,精简流域协调组织,避免机构臃肿带来的问题,强化域内各国研究和技术管理部门间的合作。

(云南大学周边外交研究中心副教授　吕星)

美国对华科技战略的影响与对策

本文要点：特朗普政府对华科技战略主要体现在针对中国的贸易争议、外资审查、出口管制与高科技产品市场准入限制、教育科技交流限制、对中国旅美学者的安全审查与监控等领域的政策措施中，其发展动向凸显了"全政府对华战略"的基调。这一战略的实施将冲击中美政治与安全关系的稳定基础，削弱中美在全球产业链中的合作关系，对中美在全球技术治理等领域的合作前景产生负面影响。对此，中国需继续深化改革开放，构建更具吸引力的营商环境；管控中美战略竞争，强化双边沟通协作；拓展国际科技产业合作，扩大中美在技术治理领域的合作空间。

特朗普政府执政以来，美国逐渐强化以中国作为竞争对手的战略倾向，当前美国对华科技战略的发展既是其"全政府对华战略"倾向的具体诠释，也在相当程度上强化了这一战略倾向。美国对华科技战略所涵盖的政策领域主要包括：与科技研发及高科技产业相关的贸易、外资审查、市场准入、出口管制、国土安全、国际教育与科技交流等。面对美方发起的针对我方的严峻挑战，中方须沉着应对，相应调整国内外政策，管控双边竞争，以保持中美关系总体稳定。

一 美国对华科技战略的布局特征

（一）在战略与政策层面凸显"全政府对华战略"倾向

特朗普政府出台的《2019财年国防授权法案》要求美国国防部制定"全政府对华战略"，试图构筑政府各部门一致的对华政策组合。就政府机构、部门的介入范围与程度而言，**特朗普政府的对华科技战略具有明显的"全政府对华战略"色彩。**

第一，从白宫、国会两院到政府的商务部、国务院等部门，通过立法、外交施压等方式，**试图削弱中国自主创新的体制优势**。特朗普政府已通过发起贸易争端等方式攻击中国的自主创新，企图迫使中方放弃或大幅改变政府制定的自主创新政策。

第二，在国会立法的推动下，美国的外资审查、出口管制等机构通过扩大和强化监管范围与程度，**加大对中国获得美国先进技术的商业交易途径的阻隔力度。**

第三，美国国防部、国务院、教育部、国土安全部、司法部等部门已采取协同措施，**限制中国利用美国的前沿科技教育与研发资源**。美国以国家安全为由，逐渐收缩敏感专业的中国留学和访学人员的签证审批渠道，并缩减旅美华人学者进入重点实验室工作的机会。同时，美方加强了对旅美中国人才计划所涉及的学者的监控与滋扰。由此，中美科技交流关系受到显著冲击。

（二）打压中国高科技企业是美对华科技战略的重要着力点

美国政府对中国高科技企业的限制、打压主要有两个着力点：一是通过具有针对性的国内立法为中国企业布设日益严密的法规限制网络，二是协调他国压缩中国企业的生存空间。

第一，美国政府以安全为由，**全面限制华为等中国高科技企业在美国的市场空间**。《2019财年国防授权法案》规定，禁止政府机构及其承包商使用包括华为、中兴、海能达通信公司、海康威视与大华技术公司这5家中国企业以及这些企业的任何子公司或关联公司提供的电信及视频监视服务或设备。虽然该法案亦设置了相关豁免条款，但条件极为苛刻。这些企业均为中国在网络通信产业领域的全球领先企业，美方限制其核心业务在美国市场的拓展，将不同程度地阻滞这些企业全球影响力的上升。

第二，美国政府以中国高科技企业违反出口管制等法规为由，以截断这些企业的核心供应链为威胁，间接增加其在对华博弈中的战略筹码，并伺机**对这些企业予以严厉制裁**。在2019年之前，中国已有多家企业被列入美国《出口管理条例》的"实体名单"，成为管制对象。在2019年5月，华为等中国高科技企业也一度被列入出口管制名单。在未来一段时期，中国高科技企业面临美方出口管制制裁的风险将继续上升。

第三，美国政府以压缩华为的国际市场空间为目标，以外交手段迫使其盟国及合作伙伴国放弃与中国高科技企业的合作，并通过跨国司法协同，**定点制裁这些中国企业的高管**。由于受美国政府的施压影响，美国多个盟国或伙伴国政府要求其国内运营商拒绝华为参与本国的5G网络改造工程。在对华为的联合围堵中，美方进一步以司法手段直接定点打击中国高科技企业的高管，这表明美国政府正在采取更具进攻性且将商业问题政治化的举措来打压中国高科技企业。

二 对中美关系的影响

美国将中国产业政策与科技创新活动视为对美国安全利益、美国主导的国际秩序以及美国在全球价值链分工中的收益与地位的一种威胁。其实施的综合性对华科技战略,不仅无益于实现其既定目标,反而将对中美关系及全球稳定产生负面影响。

(一)美方政策对中美安全关系的影响

美国调整对华科技与产业战略,通过政治力量割裂由全球市场力量推动形成的科技产业链,将会削弱中美在全球产业链中的合作关系,降低双边关系中经济合作的"压舱石"作用,并由此**增强双边关系的不确定性**。美国对华科技与产业政策中安全与政治因素的不断上升,将进一步**强化中美的竞争关系**。特别是特朗普政府为迎合公众舆论及在对华科技政策领域争取两党的支持,更易倾向于采取咄咄逼人的对华政策,这将**加剧中美关系的紧张程度**。通过塑造与强化"假想敌"的威胁,美国对中国在科技前沿领域进步的渲染已成为其加大国防研发支出、强化在人工智能领域军备发展的重要借口,这将不利于全球的战略稳定。

(二)美方政策对中美经济与科技产业合作关系的影响

虽然美方的相关举措在短期内会在一定程度上阻碍中国企业的技术进步及国际化发展,但从长期来看,其行径会激发中国自主创新的动力,并由此逐渐降低美国对华科技压制的影响。与此同时,美国通过加强出口管制及限制中国高新技术产品市场空间的方式压制中国的科技发展,**将削弱中美在新兴科技产业领域的互利合作空间**。

一方面,美国对华科技战略的实施会通过产业链转移等方式影响中国企业与中国国内经济的发展,**也会对美国企业的成本与质量控制、市场空间拓展造成负面影响**。中国输美高科技产品中的相当部分由美国在华企业生产。如果特朗普政府反对将生产环节外包到中国,那么相关美国企业的竞争力可能会下降,最终会损害美国领先的制造业。另一方面,中美两国在部分新兴科技领域拥有他国无法复制的独特优势,包括先进的研究水平、强大的投资能力、丰富的数据、支持性政策环境、竞争激烈的创新生态系统等。美国强化对华技术出口管制将会降低部分中国高科技企业在美设立研发分支机构的动力,还**会制约中美两国企业与机构在高科技产业领域的合作进程**。

(三)美方政策对中美在全球技术治理领域合作前景的影响

当前,与颠覆性技术快速发展相关的国际规范亟待制定与完善,以防范或消减技术进步这一双刃剑对全球可持续发展及战略稳定的负面影响,但特朗普政府的对华科技战略及其"美国优先"战略,将可能导致全球技术治理和相关领域的治理受到削弱与延搁。一方面,美国政府的对华科技与产业战略,将通过侵蚀互信、强化对立等方式,制约双方在科技领域的合作进程,并将**对全球科技治理的发展前景造成负面影响**。另一方面,前沿技术在一些具体领域的应用与扩散,将会增加非传统安全风险,而特朗普政府的战略不利于全球合作应对此类挑战。

三 应对策略

第一,**稳步推进国内改革进程释放中国面临的战略压力**。即将于2020年生效的《外商投资法》为中国进一步改革开放创造了新动能。未来一段时期,需以该项法律及其他相关法律、规章的出台为契机,切实改善营商环境,增强中国市场对国内外高科技企业的吸引力,并借以稀释美国对华科技战略的负面效应。其一,需按照坚持中国特色和国际规则相衔接的原则,进一步改革和切实执行相关法律、规章,系统推进改革进程。在为《外商投资法》

制定相关实施细则的过程中，需广泛征求外企的意见与建议。其二，各级政府和行业协会**宜加大与在华美资企业和商会的沟通**，并探索将这一沟通形式机制化。其三，在深圳、上海等经济与金融中心，支持**设立由中外民营资本参与的、针对高科技产业的风险投资基金**，以此制衡美方的经济与科技"脱钩"倾向。

第二，管控中美战略竞争并强化双边沟通协调。其一，**拓展中美高层交往活动**，遏止美国对华科技战略的竞争性甚至敌对性进一步上升。需以经贸议题为主要切入点，充分发挥元首外交对保持中美双边关系稳定的战略引领作用，努力消减美国对华科技战略的实施强度。其二，**改善和强化中国省市与美国州、地方政府的科技产业合作交流**。可探索并推动组建市场化运作的专业服务型机构，为两国地方政府、中小企业提供科技产业合作领域的市场信息及中介服务。其三，**拓展中美科技企业在第三方市场的合作进程**，培育与扩大中美在科技产业合作领域的共同利益。

第三，拓展中美或续展更大范围内的国家参与科技产业与技术治理的合作空间。其一，美国意欲协同欧盟制裁华为等中国企业仍面临较大阻力。鉴此，**中国需加强与欧盟在科技产业领域的政策沟通**，并推动在欧盟运营的中国科技企业主动配合东道国政府的合规与安全监督，缓释欧盟国家对中国企业的安全关切，并借此保持与扩大中欧在科技产业领域的合作空间。其二，**中国需加强与部分新兴经济体在高科技产业领域的沟通协调**，推动各国在新兴科技领域的国际性反垄断、反霸权方面形成共识，并以之作为构建新工业革命伙伴关系的重要基点。其三，**中美需在人工智能等新兴科技领域的国际标准及伦理文件制定方面进行有效合作**，并进一步拓展中美在新型非传统安全风险领域的合作关系。

（上海国际问题研究院美洲研究中心副研究员　孙海泳）

综合施策促进金融稳定

本文要点：结合2019年上半年数据，笔者对当前国际国内经济形势有三个判断：其一，实体经济仍然维持低波动；其二，去杠杆成效显著但也付出了成本；其三，全球经济复苏乏力、风险不断累积。在内部金融风险累积、外部经济竞争加剧的背景下，我国能够维持中高速增长与温和通胀，无疑是非常理想的结果。我国宏观调控的主要矛盾，已经从传统的就业和通胀的矛盾，转变为更广泛的经济稳定和金融稳定的矛盾。对此我们要充分认识去杠杆的长期性和复杂性，做好舆论引导和预期管理，将效率原则放在第一位，协调推进、综合施策，促进金融稳定。

中共中央政治局2019年7月30日会议充分肯定了2019年上半年经济工作的成绩，也对下半年经济工作提出了新的认识和要求。首先，面对纷繁复杂的国际经济环境和下行压力加大的国内经济，会议指出要增强忧患意识，善于化危为机，办好自己的事；其次，总体经济政策框架继续保持稳定，除了强调"五个坚持"和"两个统筹"之外，也提到了"巩固、增强、提升、畅通"八字方针和"六稳"工作；最后，在稳增长（经济稳定）和防风险（金融稳定）之中，政策有稍向前者偏移的调整。

一 实体经济仍然维持低波动

从2019年上半年的增长和通胀数据看，我国实体经济仍然维持低波动态势。我国本轮经济下滑有三大背景因素：实体经济低波动、金融业膨胀和金融体系复杂化、外部经济竞争的加剧。在内部金融风险累积、外部经济竞争加剧的背景下，能够将经济增长维持在中高速阶段，无疑是非常理想的结果。

笔者认为，造成本轮经济下行压力的原因之一是去杠杆，此外还包括中美贸易摩擦等因素。**我国经济目前并未偏离潜在增长水平**，当前经济问题的症结并不是要用总需求管理政策熨平经济周期波动，将经济拉回潜在增长水平，而是要**通过改革来解决结构性和体制性问题，从而提升和扩展增长潜力**。这也是2019年4月19日中共中央政治局会议提出的"既有周期性因素，但更多是结构性、体制性的"之意涵所在。

2018年7月31日中央政治局会议提出"六稳"，即稳就业、稳金融、稳外贸、稳外资、稳投资、稳预期，没有提及物价和通胀。在2019年5月、6月居民消费价格指数（CPI）温和回升之际，出现了一些对通胀甚至滞胀的担忧。对此笔者认为，**我国暂无通胀之忧**，本次物价上涨是由猪肉和蔬果价格飙升引起的。在全球债务高企之际，不管是对发达经济体还是新兴市场国家而言，温和通胀实际上都是求之不得的。

二 去杠杆成效显著但也付出了成本

多方数据证实，我国去杠杆工作取得了显著成效。广义货币（M2）占 GDP 比重从 2016 年开始即止住涨势，维持在略高于 200% 的水平；金融业总资产和金融业增加值与 GDP 的比值这几年明显下降；金融业平均工资与全社会平均工资的比值也从最高的接近 200%，下降到 2018 年的不足 160%。根据穆迪测算，2019 年第一季度中国广义影子银行规模为 60.2 万亿元，比 2018 年四季度下降 1.1 万亿元，占全部银行资产的比重为 22.4%，降到了 2013 年的水平。从上市公司数据看，近两年来企业利润中价值变动净收益的份额明显下降，正常经营活动的利润贡献明显上升。

不过，**去杠杆也付出了一定成本**。对影子银行进行规范和清理，地方融资平台和房地产企业首当其冲，导致基建投资和房地产投资下滑，造成经济下行压力。这对本来就面临融资难、融资贵问题的中小企业和民营企业无疑是雪上加霜。政府及时出台逆周期政策进行调节无可厚非，但这些政策反过来又影响了去杠杆进程。国家资产负债表研究中心数据显示，2019 年第一季度，实体经济部门杠杆率为 248.8%，比 2018 年四季度上升了 5.1 个百分点。其中，政府部门上涨 0.7 个百分点，非金融企业部门上涨 3.3 个百分点，居民部门上涨 1.1 个百分点。

这一方面说明**去杠杆具有长期性和复杂性**，不可能一蹴而就，也不能半途而废；另一方面则表明**我国宏观调控的主要矛盾，已经从传统的就业和通胀的矛盾，转变为更广泛的经济稳定和金融稳定的矛盾**。如何在稳增长和防风险之间权衡取舍，成为当前和今后较长时间内我国经济议题的主轴。

三 全球经济复苏乏力、风险不断累积

自2008年国际金融危机爆发以来,全球经济复苏进程屡遭挫折。**2019年全球经济增长依然乏力,各种风险不断累积**。在2019年6月的《全球经济展望》中,世界银行给出的副标题是"紧张局势加剧,投资低迷",延续了此前的悲观论调。报告侧重贸易紧张升级的可能性和全球债务上升两大问题,认为这最终会导致金融市场无序波动和经济复苏失去动力。国际货币基金组织也对全球经济增长表示担忧,不断调低增长预期。2019年7月的《世界经济前景》指出,最新经济预测面临的主要是下行风险,包括进一步加剧的贸易和技术紧张关系,以及在多年的低利率之后金融脆弱性的继续累积。

在经历了好几轮的冲突与和解之后,耗时一年半的中美贸易摩擦进入僵持阶段。在几番折冲中,**中方保持了战略定力,立场逐渐趋于强硬**。在中美贸易摩擦开始时存在一种论调,指责中国在整个应对过程中过于强硬,与中国的实力和地位不符,可能会对中国经济造成较大伤害。但笔者认为特朗普政府更多的是试图借此进行威胁,以达到逼迫对手让步的目的。面对美国的无理,妥协退让只会助长其气焰,只有针锋相对才能使双方重回平等对话。

目前来看,全球经济面临的三大结构性隐患,即债务累积和金融脆弱性加剧、逆全球化浪潮和经济贸易争端、贫富分化持续恶化,都没有得到解决。全球经济的潜在威胁不断增加,不确定性上升,焦虑情绪在扩散。外部风险和冲击很难管控,我们需要做的是未雨绸缪,做好自己的事情,有意识地预留政策空间。

四 稳金融的长期性和复杂性

虽然去杠杆成效显著,但国有企业和地方政府债务问题形势依然严峻,居民部门债务有上涨趋势,各种金融乱象仍未得到有效治理。因此要充分认识到去杠杆的长期性和复杂性。金融是力量和脆弱性的结合。如果滥用金融的力量,过度扩张信贷和债务,那就要面对太多金融造成的脆弱性的积累,以及其对实体经济的损害。目前,**全球经济面临的共同问题是债务密集度高企**,需要解决两大问题:如何转变债务密集型经济增长模式?如何解决原先增长模式所产生的巨大债务存量?

首先,信贷/债务扩张和随之而来的所谓"脱实向虚",以及可能引致的**金融危机**,这都是市场经济的痼疾,是由金融的本质决定的,**是正常的周期性现象**。在信用经济和市场经济环境中,**完全根除金融脆弱性和金融风险是不可能的**。因此,政策制定者对此不必抱着恐惧和逃避的态度,而是要积极面对和处理。拥有足够知识和权威的政府完全可以处理好这个问题。

中国的工业化和城市化之后接踵而来的是金融化,这是一种新现象,同时也带来了一些新问题。当前舆论对金融的态度有两种极端倾向:一种是夸大我国当前面临的金融风险;另一种则是对我国迅速来临的金融化进程处于一种懵懂状态,使企业和民众暴露在巨大的风险之下。对此,政府应该有意识地**普及金融知识,进行舆论引导,同时管理预期、稳定预期**。

其次,**理解和处理债务问题,效率原则应该放在第一位**。宏观杠杆率高企和债务问题恶化,其实质都是金融业膨胀和信贷扩张没有带来相应的利润增加和经济增长。金融政策要回归常识,积极促进信贷/债务用于生产性目的,取得切实的收入和经济增长。对于已经累积的不良信贷/债务,政府要善于利用各种手段积极化解，进行再分配，不能放任其恶化，以免对实体经济造成消极影响。

具体到项目审核，要把收入流和现金流放在第一位，而不是抵押品价值。任何缺乏收入流和现金流的融资，最终都会沦为投机性融资和庞氏融资。因为任何抵押品的价值都有顺周期性，在经济衰退时其流动性常常会大打折扣。对于市场无法自我化解的失败融资项目，政府应该适时介入，以免传染，造成连锁反应。但是，政府介入不应该承诺兜底或事实兜底，这会造成错误示范，引发道德风险。

最后，**债务问题是一个全局性的问题**，既有周期性和结构性原因，也有体制性原因，涉及各个面向的权衡取舍，需要综合施策、协调推进。在抑制非金融企业部门和地方政府债务的时候，不能对居民部门杠杆率攀升掉以轻心。在化解国有企业和国有经济部门债务的同时，也要注重有效降低中小企业和民营经济的融资成本。在处理国内债务问题的时候，也要积极观察和研究全球债务问题可能对我国造成的冲击。

滥用金融力量，过度扩张信贷/债务，会对实体经济造成很大损害。除了累积风险可能引发金融危机、侵蚀其他行业竞争力和政府治理能力之外，还会拉大贫富差距。因此，**稳定金融还要关注相应的收入分配和财富分配后果。其中，最重要的一个手段就是累进资本税**。在我国，应该加快研究和推出以房产税为主体的累进资本税体系，作为去杠杆和金融稳定的配套政策，促进我国迈向更加公平、惠及全民的发展之路。

（中国社会科学院经济研究所国家金融与
发展实验室研究员　汤铎铎）

推动金融业高质量发展的对策与建议

本文要点：金融是国家重要的核心竞争力之一，金融安全是国家安全的重要组成部分。当前我国金融领域各类风险隐患较多，包括国有企业高杠杆率、非法集资、房地产泡沫、地方政府债务和影子银行等。在当前的形势下，我们要在全面金融开放的过程中，实现如下目标：完善金融服务、防范金融风险、维护金融安全、推动金融业高质量发展。为此，应加快完善金融法律体系建设，强化金融问题风险评估，加强涉外金融安全情报信息搜集，做好涉外金融安全事件处置和应对准备。

目前，我国已基本建成了与中国特色社会主义相适应、以服务实体经济为目标的金融宏观调控体系、金融监管体系、金融组织体系和金融市场体系。截至2019年9月，我国金融业总资产300万亿元，其中银行业268万亿元，规模居全球第一；债券、股票、保险市场也都成为全球第二大市场；外汇储备余额3.1万亿美元，多年来稳居全球第一。从当前阶段面临的实际情况来看，中国这样大的金融体量，实现全面开放、促进内外高度融合，有利于确保金融安全。

一 完善金融立法，促进实体经济发展

从发展的角度来说，全面对外开放的意义在于用世界规则倒逼国内制度和政策改革，促进中国金融类机构健康发展。从安全的角度来讲，全面对外开放的意义在于让中国金融与世界金融融为一体，在融合中实现安全和发展。因此，**我们在推进金融创新的同时，特别要重视构建适应金融创新的监管体制，平衡好创新与稳定之间的关系**。我们应优化结构，完善金融市场、金融机构、金融产品体系，为支持经济高质量发展提供良好的金融环境，在对外开放中实现安全和发展。

（一）不断构建和完善现代金融法律体系

要与时俱进，统一金融立法，改变过去分业立法、机构立法的模式。要不断完善《中国人民银行法》《证券法》《公司法》《证券公司监督管理条例》《外商投资证券公司管理办法》《期货交易管理条例》《中国人民银行货币政策委员会条例》《征信业管理条例》等行业法律法规。现行的一些法律如《商业银行法》《证券法》《境外投行中国境内经营管理办法》《合格境内机构投资者境外证券投资外汇管理规定》等内容明显滞后。要加快推动《证券法》《刑法》的修改，大幅提高欺诈发行、上市公司虚假信

息披露和中介机构提供虚假证明文件等违法行为的违法成本。强化金融法的执行,继续强化社会信用体系建设,加强投资者保护,推动修改或制定对虚假陈述和内幕交易、操纵市场相关民事赔偿的司法解释。提升稽查执法效能,集中力量查办欺诈造假等大案要案,提升案件查办效率。

(二)促进实体经济发展

促进金融回归本源,把为实体经济服务作为出发点和落脚点,全面提升服务效率和水平,把更多金融资源配置到经济社会发展的重点领域和薄弱环节,更好地满足人民群众和实体经济多样化的金融需求。要在积极稳妥的情况下,逐步改变用美元等外汇储备做抵押来印钞,改为用地方债和国债做抵押。

二 加强金融问题风险评估

当前阶段,我国金融领域风险点多、涉及面广,结构性失衡问题突出,各类风险隐患较多。主要风险来自金融体系、债务和动荡的市场,主要表现为以下几个方面:

第一,**国有企业杠杆率较高**。由于国有企业过去的考核机制盲目追求规模而不注重效益等原因,国有企业负债率不断上升。高杠杆率导致国有企业事实上就是在"替银行打工"。**隐性兜底和宽松的货币政策大幅拉升了杠杆率**。

第二,**非法集资问题显现**。最近几年互联网金融的热潮逐渐褪色,可谓风险迭出,令人大跌眼镜。P2P、易租宝、泛亚金属交易所等欠下了巨额债务。违法违规集资问题的根源在于普通投资人的投资需求没有得到满足,正规的金融体系没有提供这些产品。**从监管的角度看,是机构监管而非功能监管的做法导致了许多监管空白**。

第三,**房地产泡沫问题存在隐忧**。如果房价继续上涨,民众就会压缩其他消费贷款而投资房地产,实体经济就会逐步走向萧条,而后又会引发大量的失业而出现断供现象,房地产泡沫就会被挤破。**如果房地产泡沫继续扩大,实体经济垮台后,就会多因叠加而引发经济危机**;而房价下跌幅度过大就会引发大规模抛售,从而滋生爆发金融危机和陷入漫长去杠杆化周期的风险。

第四,**地方政府债务问题应引起重视**。一般说来,土地财政和地方债成了地方政府运转和投资的财政来源,但是也出现了举债主体、偿还责任、债务边界和规模的不确定性,让其成为潜在的风险点。

第五,**影子银行带来的风险须控制**。为了支持国有企业,大量的信贷资金流向了国有企业。民营企业特别是中小民营企业的融资需求较难满足。民众拥有资金,但是缺乏可供投资的金融产品。在这样的背景下,商业银行通过发行理财产品募集资金,又借助信托公司、证券公司、公募基金公司等非银行金融机构将这些资产"出表",最终提供给有资金需求的企业。银行、企业和民众的需求通过影子银行都得到了满足,但是也可能引发系统性风险。

三 做好重大涉外金融安全事件的应对准备

(一) 切实加强宏观审慎管理

金融监管要守住不发生系统性金融风险的底线,要尽可能地做到机构监管与功能监管并重、行为监管与审慎监管共举。要解决目前"分业监管"的框架与"综合经营"的现实并存的矛盾,应该坚持分业经营的原则,但同时可以尝试"综合经营""混业监管"的模式。要以强化金融监管为重点,以防范系统性金融风险为底线,加快相关法律法规建设,完善金融机构的法人治理结构,加强宏观审慎管理制度建设。

（二）加强对目标国家和机构的运行规则研究

借鉴先进国家经验，加强对相关法律规则进行研究。以美国为例，美国政府对汇率操纵国的认定依据是1988年的《综合贸易和竞争法案》（第3004条）、2015年的《贸易便利和贸易执行法案》。1988年的定义比较宽泛，只需对象国有较大的经常项目顺差，对美国存在显著的双边贸易顺差，即可酌情认定为汇率操纵国。2015年的定义包括三个量化标准：一是对象国对美国双边贸易顺差大于200亿美元；二是对象国的经常项目顺差占GDP的2%以上；三是对象国持续地、单边地干预汇率市场，持续时间为过去一年中的6个月，干预程度为购买外汇的额度占GDP的2%以上。对于第三个标准，美国政府认为不一定要严格满足，即便干预的时间短、程度轻，也可被视作操纵汇率。

（三）保持人民币汇率稳定

中美经贸摩擦、美联储进入降息周期等原因使得人民币汇率和中国金融稳定充满了变数。如果市场对人民币贬值形成一致预期，一旦人民币汇率形成了贬值的趋势，对中国经济将产生深远影响：一是造成个人和家庭购买力下降；二是影响人民币国际化进程，外方人员不愿意持有人民币；三是可能给市场内各方带来"做空"的动力。我们应该采取措施，防止资金大规模流出而引发潜在系统性金融风险问题的出现。

（四）防止敏感金融数据外泄

依据《证券基金经营机构信息技术管理办法》等相关规定，敏感数据不许跨境流动。美国挑起贸易摩擦、发起对中国科技战、金融战的相当一部分信息都是从中国渠道获取的。美国已经建立了包括国际组织、国家间交往、大型跨国金融机构搜集、公开学术交流、民间交往等多个对华经济金融情报搜集渠道。**我国亟须建立切实有效的金融信息保护网络。**

(五) 大力推进跨境人民币清算系统建设

随着中美贸易博弈的展开，在极端的情况下，如果美国切断SWIFT系统，中国应如何应对？第一，应该**着力推动人民银行人民币交易的电信网络**。推进人民币货币信用，推进跨境人民币的清算系统建设，促使人民币成为世界货币、流通货币、贸易清算货币以及其他国家的储备货币。第二，**继续坚持资本项目下不搞货币自由兑换**。目前沪港通、沪伦通都是管道式的，这是中国能够防范东南亚金融危机冲击的关键。第三，**外汇储备的底线要守住**。第四，**着力运行好亚投行、金砖银行等金融机构**。

总之，要加强党和国家对金融工作的统一领导，遵循金融发展规律，紧紧围绕服务实体经济、防控金融风险、深化金融改革三项任务，在全面对外开放的过程中，创新和完善金融调控，健全现代金融企业制度，完善金融市场体系，推进构建现代金融监管框架，加快转变金融发展方式，健全金融法制，保障国家金融安全，促进中国经济和金融的良性循环和健康发展。

（北京大学国际组织研究中心特聘研究员　陶满成）

"一带一路"研究

"一带一路"：如何建立国际金融新规则？

本文要点：国际金融规则的发展大致经历了三个阶段，规则形成中具有三个特点：单边规则向多边规则转变，"赢者通吃"让位于"合作共赢"，多边主义向国际金融市场实际操作领域的延伸尚待破题。落实"一带一路"建设，在金融实践层面上需要有效解决巨额资金、资金性质和政治风险三个难题，为此，应发挥多元化资本结构的机制作用。多元化资本结构可在金融经营机构、金融产品、金融交易场所和多边经济区四个层面展开，在实践中需要特别关注股权平等、股权融资中的协同运作和股权运作中的长期性三个要点。

一　国际金融规则的发展与特点

国际金融规则的发展历史大致经历了三个阶段：

第一阶段（从18世纪到第二次世界大战结束）主要是由单边主义界定国际金融规则。帝国主义国家将本国货币制度推向殖民地国家，直接投资和国际信用的资金主要由宗主国流向殖民地国家，相关国际金融规则与贸易规则由宗主国制定，成为宗主国控制殖民地国家经济命脉、资源配置、产业发展和市场结构的主要机制。殖民地国家的产业布局、技术进步和经济发展围绕宗主国的利益要求而展开，形成了以宗主国为"中心"、以殖民地国家为"外围"的国际经济分工格局。

第二阶段（从第二次世界大战结束到20世纪末）是由美国（美元）单边主义操控下的多边主义。第二次世界大战后，广大亚非拉国家先后建立了主权民族国家，使得由宗主国单边界定国际贸易和国际金融规则的历史难以延续，取而代之的是多边主义。但多边主义仍受美元霸权和美国金融霸权的单边主义影响。布雷顿森林体系下建立的国际货币基金组织和世界银行等多边国际金融组织实际上仍掌控于美国手中。

第三阶段（从20世纪末至今且尚在演进过程中）为经济多极化背景下由多边机制界定国际金融规则。世界贸易组织的问世标志着新型国际贸易体制的建立；欧元启动标志着多极化国际货币体系开始建立。欧盟的发展形成了全球经济的第二极，而中国的和平发展形成了全球经济的新一极，由此，全球经济多极化格局初步形成，为建立国际金融多边规则提供了基础性条件。

综上，国际金融规则的形成中有着三个特点：一是**单边规则向多边规则转变**；二是"**赢者通吃**"让位于"**合作共赢**"；三是**多边主义向国际金融市场实际操作领域的延伸尚待破题**。

二 "一带一路"建设在金融实践层面的难点

落实"一带一路"倡议的宏伟构想,在金融实践层面上需要有效解决好三个相互关联的难题:

第一,**巨额资金**。"一带一路"建设涉及的沿线国家大多属于资金紧缺的国家。从长时间上看,这些国家的经济建设需要投入规模庞大的资金。如果不能有效解决巨额建设资金的来源难题,"一带一路"的推进势必会受到严重制约。

第二,**资金性质**。金融资金可分为资本性资金和债务性资金。各种借贷资金不能保证建设项目的持续经营与借贷者之间形成直接的利益连带机制,要达到"合作共赢"比较困难。而建设项目大多属于长期性,需要投入较多的资本性资金,利用世界银行等贷款的资金数量受到限制;同时各个沿线国家自我增加资本性资金的潜力非常有限,这将进一步限制建设资金来源。

第三,**政治风险**。在"一带一路"建设中引入国际性资金运作,仅关注经济风险是不够的。在社会秩序动荡、政权更迭乃至发生战争的条件下,政治风险是压倒一切的。由此,在难以有效化解或防范政治风险的条件下,国际资金的提供者对"一带一路"沿线国家的资金支持通常持谨慎取向。破解这些难题实际上成为推进"一带一路"建设、构建国际金融新规则的关键。

在现代市场经济中,资本性资金的数量直接制约着当事人承担债务性资金的数量,从而决定了当事人可用资金的总规模。与借贷资金相比,货币资本占据着基础性地位。从构建"利益共同体"的角度看,资本的结构机制有着凝聚各方投资者利益、发挥群体性化解风险的功能。在资本结构多元化下,"合作共赢"成为其共同取向。在"一带一路"建设中,从国际金融的资金供给角度来说,"合作共赢"应首先落实相关建设项目的资本结构多元化，以此推进多元投资者"命运共同体"的形成。

三 在"一带一路"中建立多元化资本结构

要形成多元化的资本结构，需要有效解决三个问题：

其一，**各国投资者之间对投资项目的共识**。资本投资属于长期投资范畴，建设项目运作的各种风险最终将由资本承担。在"一带一路"建设中，既有商业性项目，也有相当多公益性甚至公共性项目。只有本着"合作共赢"的理念，将眼界扩展到长期效益和资产的长期价值增长，各国投资者才可能将投资资金聚焦于具体项目，推进多元化资本结构的形成。

其二，**股权平等机制**。在金融运作中，资本平等具体通过股权平等表现出来，它既强调投资者之间的一股一权、同股同权，也强调股东大会上每个股东充分的话语权、选举权和议决权，还强调每个股东都有买入股权和卖出股权的自由。保障股东权益，是吸引投资者出资投入"一带一路"建设项目的重要机制。

其三，**资本权益的交易机制**。在金融运作中，"投入之前先考虑好退出"是资本投资的一项重要原则。在资本退出机制比较完善便捷的条件下，即便投资项目风险较大，一些投资者也敢于出资；反之，即便投资项目风险较小，一些投资者担心投资固化（即难以退出）而不愿贸然出资。

"一带一路"多元化资本结构建设可在四个相关层面展开：

第一，**金融经营机构**。亚洲基础设施投资银行、金砖国家新开发银行、亚洲开发银行、非洲开发银行等金融经营机构并不足以缓解"一带一路"建设的资金紧张状态；以贷款为资金纽带也难以形成紧密型的"合作共赢"机制。鉴此，需要拓展的是以资本投入为特征的股权投资，**在"一带一路"沿线国家设立根据具体投资项目发行的产业投资基金**。可考虑在中国境内设立"一带一路"投资基金的母公司;也可由金融机构发起设立多元化资本结构的投资基金;还可建立在多元化资本结构基础上的证券公司、保险公司、信托公司等金融机构以及服务于金融运作的中介机构,以利于"一带一路"建设中的资本市场体系构建和发展。

第二,**金融产品**。"一带一路"建设中的资金筹集难易程度和数量多少,在很大程度上取决于金融产品的特征。在"一带一路"建设中需要**探索运用多边机制设计、发行和交易的金融产品**。如以建设项目或经营运作公司为基础,向多国乃至全球发行长期公司债券、股权投资基金、普通股股票、优先股股票以及其他证券,形成和完善金融产品中的多边机制。

第三,**金融交易场所**。世界各地的金融交易场所均处于主权制度制约下,他国的投资者、金融产品要进入交易要受制于单边规则的交易制度。在"一带一路"建设中,为满足多元化金融产品交易,不仅金融交易场所的股权结构要多元化,更重要的是应**形成满足多边利益要求的金融产品交易机制**,包括上市规则、交易规则和退市规则等,按照多边机制的内在要求,建立符合相关各国利益诉求和各国投资者投资运作要求的金融产品交易机制。此外,还可以充分利用现代电子信息技术向全球尽可能多的国家和地区开放交易市场,在推进交投范围全球化的同时,扩展多边机制在全球金融交易中的覆盖面。

第四,**多边经济区**。在有条件的国家应争取**划出一定的地理区域发展多边经济**。域内实行有别于该国经济制度的特殊政策;企业既可以为独资企业也可以是多国合股的股份公司;具体经济政策和经济机制由管理委员会决定,管委会的成员由介入域内投资运作的各国企业推荐代表构成;企业的投资、生产、贸易、就业和税收等具体政策由管委会与该国政府谈判决定,既保障域内经济运作在多边机制下的独立性,又保障该国政府的管控能力落到实处。这种多边经济区运作具有"抱团取暖"效应,有利于弱化乃至避免双边机制下的政治风险。

四 以多元化资本结构推进"一带一路"建设

对中国而言,在"一带一路"建设中,充分运用多边机制下的多元化资本结构,既有利于加快相关项目建设的资金到位,也有利于发挥在多边机制中的导向作用,扩展国际影响力。

第一,**股权平等**。在项目投资运作中,中国应尽可能争取更多的国家和地区共同投资入股以形成由众多股东(国家)连为一体的"利益共同体"。在其中,中资既不需要争取在每个项目上都做控股股东或第一大股东,也不需要力争独资地位,只需要动员各国资本入股即可。"利益共同体"机制是保障"一带一路"建设持续扩展的基本机制,也是重建国际金融规则的基础所在。

第二,**股权融资中的协同运作**。发展以股权融资为基础的"利益共同体",需要多种金融机构、金融产品和金融交易机制的协同作用。介入"一带一路"建设的中资金融机构不应局限于商业银行,而应扩展到证券公司、保险公司、信托公司、租赁公司以及其他与资本市场运作直接相关的经营性机构,协同运作,共同服务于相关项目建设的股权融资和股权交易。

第三,**股权运作的长期效应**。股权投资是一种长期投资,要有效激励股东的持续投资、维护已形成的股东"利益共同体"、强化股权投资对"一带一路"建设的推进功能,有必要建立各种股权定价的市场机制和交易机制,由此,不仅需要重视股权融资,更需要重视建立和完善股权交易的市场机制,以推进股东(国家)之间的"利益共同体"向"命运共同体"发展。

(中国社会科学院学部委员、中国人民大学一级教授 王国刚)

建构人类命运共同体话语体系迫在眉睫[*]

本文要点:"一带一路"倡议实施六年来,不仅开启了初见成效的全球治理实践新路径,而且为丰富和发展人类知识体系正在打造深厚的理论基础。"一带一路"的最高目标是建设人类命运共同体,而历史上由美国主导的诸多战略(如美国的"马歇尔计划"和印太联盟等)则是从现实主义出发的零和游戏。以"一带一路"为平台的中式全球化或新型全球化话语体系亟须人文化,从而打造开放、多元和包容、融合与叠加式的人文基础。"一带一路"建设不仅应该为人类带来福祉,还应该为人类知识体系的与时俱进、更新换代和发展与壮大做出原创性贡献。

---

[*] 本文主要内容原载于《新丝路学刊》2018年第3期,辑入此书时,作者做了调整和修改。

一 "一带一路"在话语体系上面临的新挑战

自"一带一路"倡议提出以来，其推进与建设工作已有六年时间，"一带一路"倡议受到全球关注。可以说，"一带一路"与其相关的"亚投行""新型全球化"和"人类命运共同体"等新型理念一起**在全球舆论场形成一套崭新而又耀眼的话语概念，正在转换成广受欢迎的全球公共产品。**

"一带一路"建设取得了一些实在的成绩。根据国家发展改革委的最新数据，截至目前，中国已与123个国家和29个国际组织签署171份"一带一路"合作协议，中欧班列累计开行1.4万列，与沿线国家货物贸易总额6万亿美元。在"一带一路"沿线国贷款总额2500亿美元。"一带一路"建设规模覆盖总人口约44亿，经济总量21万亿美元，沿线国家分别占全球人口63%和全球经济总量近1/3。

我们在充分认识到成绩的同时，也应认识到在"一带一路"建设推进中存在的一些不足和挑战。国际社会对"一带一路"这一新型全球化、新型全球治理和文明交流互鉴的人类命运共同体建设误读较多。"一带一路"建设应该在进一步推进硬联通和浅联通的同时，重点突破由中国组织协调、全球各地各国各机构利益攸关者持续深度参与的"一带一路"理论话语体系的建设瓶颈，即深联通。"一带一路"理论和实践的突破口首先应该从民心相通开始。笔者认为，未来5—10年的"一带一路"研究**应该聚焦"变"与"通"以及"通"与"变"，而不是"同"与"化"上。**

"变通"追求的是在平等开放的前提下相互了解与理解，甚至谅解，最终建立新的共识，坐实构建人类命运共同体的思想理论乃至哲学基础。由此所产生的变化则是**双方都可以接受的温和变**

革或彼此调适，是多元一体的模式。相比而言，"同化"则是英美和西方暴力征服式或胁迫式，威慑式或掠夺性全球化或革命，是建立在非此即彼、二元对立的哲学思维基础之上的，是一元一体模式。以英国为代表的西方全球殖民主义模式，以美国为代表的全球帝国主义模式都是同化模式的具体表现。这种同化模式正在**分别以英国"脱欧"与"美国第一"的民粹主义形式走向衰败**。

因此，如何避免重蹈英美覆辙是"一带一路"理论研究和项目实施的重大课题，直接影响到"一带一路"建设的合法性等相关问题。

二 如何应对挑战并建构"一带一路"理论体系？

根据相关研究报告，"一带一路"面临八大风险，分别为：第一，地缘政治风险；第二，"一带一路"沿线国家国内经济发展水平较低；第三，金融风险；第四，市场竞争风险；第五，项目执行风险；第六，文化差异；第七，法律制度差异；第八，受西方世界主流媒体渲染的"中国威胁论"。

国际上，尤其以美国为代表的西方发达国家对"一带一路"舆论质疑较多，国际上对"一带一路"倡议所持的态度与认知存在较大差异甚至故意抹黑，**为"一带一路"建设带来许多不利因素**。例如，以美国为代表的西方发达国家对"一带一路"倡议从舆论上进行妖魔化，从战略上进行围堵。西方一些智库担忧"一带一路"建设的可持续性，另一些西方智库却炮制"中国威胁论"，将"一带一路"建设看作中国实施其"新殖民主义"的工具，甚至将"一带一路"视为对"全球自由秩序"的颠覆。

由上可知，"一带一路"舆论目前在国内外均仍然处在鱼龙混杂、众声喧哗的阶段。国际国内智库对"一带一路"的政策解读也很多元,有时甚至南辕北辙。相比较而言,国内大多数智库政策报告话语体系里过于强调经济,而**国外智库和舆论界却过于强调战略与安全**。

构建"一带一路"理论体系有赖超学科、超文化、超媒体和超行业的视角和混合方法,以期对"一带一路"建设与人类命运共同体建构的实践进行系统的哲学社会科学理论探讨。

在建设"一带一路"的过程中,我们可能面临一些考验和风险。笔者认为,**第一大风险是地缘政治风险,而地缘政治风险始作俑者是当今全球霸主美国**。美国打造的印太联盟也正好佐证了中国倡导的全球性"一带一路"倡议的正确性和前瞻性。而今**美国挑起中美贸易摩擦真实目的并不只是解决贸易逆差的问题,而是借贸易之名阻碍或减缓中国通过"一带一路"倡议走向全球性崛起与伟大复兴**。如果我们能够在理论上充分认识到"一带一路"的正确方向和重大意义,诸多风险和不确定性因素就可大大降低。

2016年,习近平总书记在推进"一带一路"建设工作座谈会上发表了重要讲话,就"一带一路"建设提出了八项要求,其中第六项要求就是切实推进文明交流互鉴,民心相通;第七项要求是加强"一带一路"建设学术研究、理论支撑和话语体系建设。如何建设"一带一路"理论和科学评价话语体系?笔者提出以下几条建议:

第一,**界定并发展"一带一路"的核心理念,搭建其理论机制**。今天的"一带一路"已不再是两维的,而是被提升为陆、海、空、网、冰五位一体丝绸之路的空间布局,**其实已将"五通"提升为"八通"**。这"八通"可以分三个层次:政策沟通与民心相通分别属于思想相通和文化相通,可统称为"深联通";网络互联互通与资金融通兼具物理性的混合性关联,可称之为"浅联通";贸易畅通、硬件设施联通、内层空间/外层空间和冰上联通都属于"硬联通"。在这三个层次的联通里,**"深联通"**的质量和速度决定"浅联通"和"硬联通"的可能性。"浅联通"的质量和速度进而影响着"硬联通"的质量。反过来,**"浅联通"和"硬联通"的质量和速度影响"深联通"的速度和质量**。"浅联通"和"硬联通"的质量和速度低将会降低双方对"深联通"的信心,减缓"深联通"的速度和质量;"浅联通"和"硬联通"的质量和速度高必将增强双方对"深联通"的信心,将"深联通"升华为"共识",直至实现"和而不同"的"人类命运共同体"。

第二,**用国际比较的方法研究和建构"一带一路"的理论话语体系**。"一带一路"倡议之所以取得今天的成就,这与它采用的理念和模式有着密切的关联。区域合作、地区联合这些主题并不是现在才出现的概念,很多国家在这些议题上都提出了自己的理论和模式。其中,较为典型的就是"美式合作"模式和欧洲的"欧盟"模式。**"美式合作"的典型案例在过去就是"马歇尔计划",在当下就是特朗普政府提出的"印太战略";"欧盟模式"指的就是欧洲共同体和欧盟的建立和发展**。这些模式最终都产生了不同的结果和效应,并形成了相关的系统性理论和思想。虽然如今"一带一路"倡议"政策性"色彩居多,但如果从现在开始就注重构建"一带一路"的思想理论乃至哲学体系建设,未来必定会成长为具有中国特色的区域合作模式和理论体系。

一个有了理论基础的倡议,将会从根本上减少别国对"一带一路"倡议的误解和担忧,也能让"一带一路"真正成为人类历史上一个具有科学性的伟大实践。比较是产生知识的重要一步。通过回顾欧美的区域合作模式和理论,我们能对当下"一带一路"的发展阶段有一个清晰的认知,也可以看清"一带一路"倡议和西方国家的理论区别到底在哪里,从而形成自己的认识。

笔者所做的案例研究表明,"一带一路"倡议与美国过去的区域合作模式采用的是完全不同的理念和战略。"一带一路"倡议并非是像西方国家那样基于现实主义的逻辑而提出的倡议与方案:

"一带一路"倡议没有将安全作为自己的主要目标,而是重在解决经济问题与发展问题。美国模式一般会将军事同盟、防御性同盟等概念混杂在区域合作里,其实只能增强合作的不稳定性,构成对区域潜在的干扰。与美国现实主义逻辑所强调的"联盟体系"相比,"一带一路"倡议则表达出更为久远的"人类命运共同体"之理念。**强加的安全不是长久之计**,通过"五通"建设所形成的结伴同行的"伙伴"关系,才是真正能够保障安全、创造安全的最佳方略。

第三,**为人类未来贡献新型知识体系**。"一带一路"不仅仅只是实施数年或几十年的短期倡议,也不只是各国以一己之力推进建设与发展的倡议,它是具有全球规模的倡议和建设,是推进新型全球化、促使人类文明进步的跨世纪工程。"一带一路"不仅会为人类带来福祉,还会为人类知识体系的与时俱进、更新换代以及发展与壮大做出原创性贡献。其中的关键是构建和完善人类命运共同体理论体系,具体而言是建立"一带一路"的"八通"以及相关的以"变"与"通"、"合"与"同"为核心的科学评估测量体系,从而积极有效地推进"一带一路"建设,更好地发挥其新型全球化、新型全球治理、文明交流互鉴三大功能。

(中国人民大学特聘教授、国家发展与战略研究院研究员 贾文山)

构建"一带一路"陆上贸易便利化规则体系的建议[*]

本文要点：在"一带一路"倡议下，我国迫切需要推动陆上贸易规则的构建和完善。但是，陆上贸易规则构建的重点是建立贸易便利化的规则体系，减少贸易手续，降低贸易成本，促进陆上贸易的顺利发展。"一带一路"贸易便利化在通关便利化、运输便利化、金融服务便利化等诸多方面存在障碍和缺陷。基于此，构建陆上贸易便利化规则体系应当进一步强化"一带一路"规则推动者的角色和意识，积极塑造陆上贸易便利化核心规则，完善陆上贸易规则国际磋商机制，以自贸区建设为引领推动和健全国内贸易便利化法律体系，建立国内贸易便利化实施工作机制。

---

[*] 本文主要内容原载于《法学杂志》2018年第11期，辑入此书时，作者做了调整和修改。

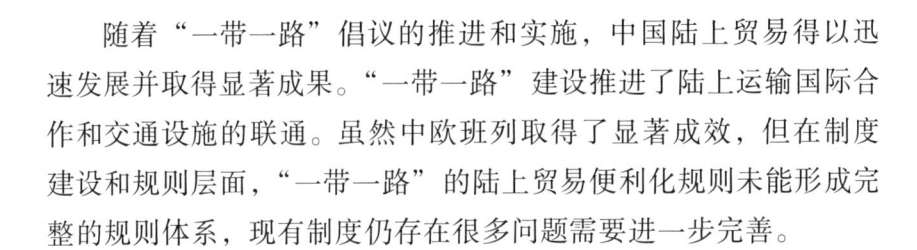

随着"一带一路"倡议的推进和实施，中国陆上贸易得以迅速发展并取得显著成果。"一带一路"建设推进了陆上运输国际合作和交通设施的联通。虽然中欧班列取得了显著成效，但在制度建设和规则层面，"一带一路"的陆上贸易便利化规则未能形成完整的规则体系，现有制度仍存在很多问题需要进一步完善。

一 "一带一路"倡议下贸易便利化规则体系构建的必要性和紧迫性

第一，中国产业和贸易快速发展为制定陆上贸易便利化规则提供了基础。全球经济萎靡不振，全球贸易低迷呈现常态化特征，发达国家寄希望于通过制定新的贸易规则重塑全球贸易的优势地位。而作为全球第二大经济体和第一大贸易国，中国却只能被动地接受由西方国家主导和制定的国际贸易规则。随着中国产业与全球价值链的深度融入和新的国际分工体系加快形成，目前的角色和地位已无法适应中国的进一步发展。"一带一路"倡议的实施与推进正是为中国参与制定陆上贸易便利化规则提供了契机。

第二，"一带一路"沿线国家贸易利益协调困难急需相对统一的陆上贸易便利化规则。由于"一带一路"沿线国家众多，涉及大陆法系、英美法系和伊斯兰法系，法律体系极其复杂多元，利益协调困难，致使丝绸之路贸易规则存在体系不完整、区域规则众多、相互冲突等问题，这极大地影响了中国与沿线各国经贸往来，如果该问题无法得以妥善解决，那么将为"一带一路"的陆上贸易便利化规则体系构建带来严峻挑战，进而影响"一带一路"倡议的稳步实施与推进。

第三，新的《贸易便利化协定》对陆上贸易便利化规则的建立提出了客观要求。作为中国加入世界贸易组织后参与并达成的首个多边货物贸易协定，《贸易便利化协定》被超过2/3的世界贸易组织成员所接受,于 2017 年 2 月 22 日正式生效并对已批准协定的成员正式实施。该协定对透明度、口岸机构管理和海关行政裁定有明确而细致的规定,这对中国积极履行贸易便利化提出了客观要求。

第四,**制定陆上贸易便利化规则是我国国内贸易化便利化改革的应有之义**。从国际贸易发展趋势看,新的双边(多边)自由贸易协定普遍要求更高的贸易便利化程度,这将会进一步"倒逼"我国进行改革。从某种意义上讲,双边(多边)自由贸易协定顺利签署与其说是当事人双方利益的博弈与妥协,倒不如说主要得益于当事人双方对贸易便利化的需求。贸易便利化可以消除烦琐手续,加快要素跨境流通,改善投资贸易营商环境,节约政府管理成本,这也契合了双边(多边)自由贸易协定的本意。

二 贸易便利化规则体系存在的主要问题

第一,**通关便利化需要进一步协调和完善**。作为贸易便利化的重要组成部分,通关便利化是指对通关程序的简化、适用法律和规定的协调、基础设施的标准化和改善。

首先,**"一带一路"沿线国家和地区的经认证的经营者(AEO)具体认证程序不同**。关于 AEO 具体认证程序,"一带一路"沿线国家和地区存有分歧,争议不断,我们需要对其进行进一步协调和完善。

其次,**口岸各自为政,缺乏协调统一**。中国自加入 WTO 以来,实施了一系列通关便利化措施。然而,由于中国的海关、检验检疫、税务等机构隶属关系不同,相互间缺乏信息协调与共享机制,各自为政,致使信息闭塞不畅通,通关效率低下,严重影响"一带一路"倡议的推进与实施。

最后,**通关法律法规透明度有待提高**。主要表现在获取途径的有限性，信息公开的滞后性，不同区域的差异性，公开程序的任意性以及公开文件的模糊性。因此，明确公开的范围、程序、时间、途径和区域是保证"一带一路"通关法律法规透明度的重要内容和举措。

第二，"一路一带"需要建立统一的国际铁路运输规则体系。目前，亚欧大陆有铁路合作组织和国际铁路运输委员会两大政府间铁路联运组织，分别适用《国际铁路货物联运协定》（以下简称《国际货协》）和《国际铁路货物运送公约》（以下简称《国际货约》），其运送条件、运价标准、海关手续等方面存在巨大差异。随着"一带一路"倡议的实施与推进，需要建立统一的国际铁路运输规则体系。

首先，中国仅加入了《国际货协》，尚未加入影响力更大的《国际货约》。虽然两大铁路组织最终制定国际货约/国际货协统一运单，但是根据《国际货约/国际货协运单指导手册》的规定，在两大政府间国际铁路合作组织范围内分别适用不同的法律法规。因此，仍**需探索和构建统一的国际铁路运输规则体系**。

其次，中国至今尚未建立起完整的铁路运输规则体系，特别是在解决国际铁路运输纠纷方面主要依据国内法，且相关规定存在分散化、碎片化和宽泛化等缺陷，无法应对以国际市场机制为基础的"一带一路"铁路运输所引起的各类法律问题。

再次，《国际货协》与《国际货约》的不同规定，对两公约缔约国相互间的铁路联运活动带来了很大不便，《国际货协》成员国的货物发往《国际货约》成员国境内时，一度需要在中途换单、重新签订运输合同。在统一运单产生后，虽然避免了换单，但统一运单也仅仅是两公约规定的物理重合，在规则统一上并无进步。货物跨境后，原先适用的一系列法律规则将发生改变，这毫无疑问将大大加重运输各方的成本，直接制约着"一带一路"铁路运输的发展。

最后，统一运单使用极为有限，当前仍处于试验阶段。就目前中国的中欧班列运营实际情况而言，除了中欧班列（重庆—杜伊斯堡）使用统一运单之外，其他均使用国际货协运单。

第三，**陆上贸易金融服务支持规则不足**。金融服务是陆上贸易便利化规则的重要组成部分，在"一带一路"倡议的时代背景下，陆上贸易金融服务具有十分重要的意义。然而，"一带一路"陆上贸易金融服务支持规则存在缺陷和不足：一方面，**运单不能作为物权凭证**。与海运提单法律属性不同，铁路运单仅仅是发货人与承运人缔结的运输合同关系的证明。而货物运输交接后，物权即应转移给承运人。如果承运人没有按照托运人的指令办理交接，则发货人的权益将无法保障。

另一方面，**铁路运单无法用于信用证结汇**。国际贸易规则和惯例在海上贸易中得到了广泛的应用，但铁路运单功能和形式的不足，阻碍了银行等金融机构围绕铁路联运货物提供押汇、担保和托收等金融和中介服务，已经成为制约亚欧大陆各国之间使用铁路通道顺利进行货物贸易的障碍。现有国际铁路货物运单规则要求出口方先发货后收款，进口方先付款后收货，银行在两方之间结算、融资和贷款不同步，使得陆上贸易参与各方面临较大的交易风险。

三 中国进一步推动贸易便利化规则的建议

第一，**加快塑造陆上贸易便利化核心规则**。与完善的海上贸易规则体系相比，陆上贸易规则体系尚不完整，某些领域规则存在分歧和冲突，个别领域存在缺失和空白。陆上贸易规则的构建是一个体系庞大、内涵丰富的系统工程。针对陆上贸易所覆盖的重要领域，以现有海上贸易惯例和规则为参照，陆上贸易规则体系的核心规则应至少包括运输规则、通关规则、金融规则等内容。

第二，**完善陆上贸易规则国际磋商机制**。一是利用双边和多边机制，积极推动与铁路合作组织、国际铁路联盟、世界海关组织等国际机构、行业协会和智库合作，积极加入《国际铁路货物运送公约》，推动建立统一的陆上贸易规则体系；二是国家发展改革委、商务部、外交部和交通运输部等国家部委将"陆上贸易规则"有关议题纳入我国与沿线国家贸易、投资、运输和外交等磋商机制；三是建立涵盖境内外铁路、海关、检验检疫等部门以及地方政府和货代、金融、物流等企业的陆上贸易协调机制，促进监管互认、信息互换和执法互助。

第三，**以自贸区建设为引领，推动和健全国内贸易便利化法律体系**。自贸区建设是为了适应进一步开放的需要。各个自贸区在贸易、金融、投资规则方面都进行了有益的探索和实践。特别是西部自贸区在陆上贸易规则方面更是先行一步，为陆上贸易便利化规则建立积累了有益的经验。在自贸区建设引领下，我们可以健全陆上贸易相关法律法规体系，与现行的国际贸易惯例和规则相对接，完善司法服务和保障，营造陆上贸易规则运行法治环境，并为未来陆上贸易便利化国际规则的谈判提供基础和支撑。

第四，**建立国内贸易便利化实施工作机制**。一是加强部门间的贸易规则对接，强化规则集成和部门协同。陆上贸易规则涉及贸易、运输、海关和金融等多个部门，必须强化各部门规则之间的协调性和一致性，保证贸易规则执行效率；二是创新部门管理和服务方式。以促进陆上贸易便利化为最终追求，协商解决陆上贸易共性问题，强化部门之间政策配合，共同推进国际贸易"单一窗口"建设和共享平台建设，简化单证格式和统一数据标准，优化监管、执法、通关流程，提高管理的智能化水平。

（重庆大学法学院教授　曾文革）

构建"一带一路"国际市场的战略应对

本文要点： 当前，"一带一路"建设面临着概念泛化、外汇储备消耗较大以及国际和地区局势不确定等问题。而这些问题的根源来自"一带一路"本身所内含的制约，包括主权至上原则制约、大国势力范围制约和国际经济秩序规则制约。面对这些突出问题及其内含的制约，需要通过明确"一带一路"的目标、确定"一带一路"的边界和范围、着力建设"一带一路"核心区等举措加以解决。在具体实践中，应充分发挥中小型民营企业的力量，建设起"一带一路"国际市场，实现"一带一路"的深入发展。

2019年4月在北京举行了第二届"一带一路"国际合作高峰论坛。为了更好地推进"一带一路"国际合作，在确保中国利益的同时也让沿线国家甚或更多的国家获利，这是当下应该考虑的重要问题。为此，有必要对此前"一带一路"建设的实施加以审视，以便发现问题，提出解决方案，让"一带一路"建设得到健康和平稳的发展。

一 "一带一路"面临的主要问题

首先，**防止出现泛化、"空心化"和政治化的倾向**，即防止出现"一带一路"的边界逐渐模糊，越做越大。"一带一路"倡议实施初期有个约定俗成的概念，大约65个国家属于沿线国家，基本上来自亚欧大陆腹地以及边缘两大地缘板块，并以丝绸之路贯穿起来。换成另一个角度，"一带一路"的边界也可以作为中国大周边地区的另一种表达。在此基础上，中国与沿线国家开展经济合作无可非议，但这也是包括美国和欧盟在内的西方大国对"一带一路"持观望态度的原因。然而，随着专家学者对"一带一路"的诠释日趋多元，沿线国家的范围越来越广，从60多个国家延伸至100多个国家，几乎涵盖世界所有的地缘政治板块，而实施的内容也从经济合作发展到更多的领域。这样的局面看上去很热闹，但其负面效应也显现出来：一是内容包罗万象，缺乏聚焦点和核心区域；二是缺乏长远规划，陷入政策层面的苦战；三是引来美欧大国的警惕，从经济合作的初衷转向地缘政治的博弈。

其次，**"一带一路"建设战线过长，基建投入过大，外汇储备的消耗较大**。据国资委统计，仅央企就在沿线国家承担了3116个项目，分布在185个国家，新签的对外承包工程合同额超过5000亿美元，境外总资产超过1万亿美元。如此规模的投资，其金额、范围和力度已经对国际政治经济格局产生了一定的冲击力。中国的对外投入大部分集中于基础设施建设，资本的回报时间长。这些投入很多属于重资产，难以转移，很可能留在沿线国家成为"公共物品"。"一带一路"建设前5年出击力度之所以强大，主要依赖于雄厚的外汇储备，这是改革开放40多年中积累的。外汇储备是国家硬实力的体现和保障，应该用于国家的战略急需上。过快消耗外汇储备可能会导致国家竞争的后劲不足，影响外汇作为战略储备的功能。

最后，**美欧大国态度转变以及沿线国家政局出现变化，对"一带一路"推进造成巨大的阻力**。美欧等大国起初对"一带一路"持观望态度，以为仅仅是中国与周边国家开展经济合作的倡议，其核心区域应该在中亚地区。西方国家乐见中国扩大在中亚的影响力，以平衡俄罗斯在亚欧腹部的战略存在，但后来美欧态度有变。在它们看来，中国借助于"一带一路"倡议，在全球范围内全面出击，严重挑战西方主导的战后世界秩序。因此它们开始转变观望态度，并利用沿线国家政局的变化，联手阻挠"一带一路"进展。在这个背景下，随着斯里兰卡、希腊、马来西亚、巴基斯坦和波兰等国的政局变化，"一带一路"将面临严峻考验。沿线国家的一些新当政者开始质疑与中国签订的合作项目。国际舆论界也出现了"债务陷阱"的论调。

二 "一带一路"内含的制约与根源

进一步思考后，我们发现在当下国际条件下"一带一路"倡议的实施存在三个制约。如果漠视这些制约，不顾一切地盲目推进，必然会在沿线地区乃至整个国际社会引起反弹，造成国家利益的重大损失。这三个制约是：

第一是**主权至上原则的制约**。当今世界是民族国家体系，其核心是确保国家主权神圣不可侵犯。沿线国家大部分是第二次世界大战后独立的新兴国家，强调自主性与独立性。但一国政府的更迭、政策变化和政治乱局就会造成"一带一路"建设的不确定性。中国的合作项目与巨大投入很可能因为一个政权的倒台或政策改变而落空。另外，"一带一路"沿线国家的政府也有可能无力偿还债务，使中国付出的成本无法收回。

第二是**大国势力范围的博弈**。实际上，"一带一路"正处于大国博弈最为激烈的几块区域，尤其是印太地区，中亚地区相对好一点，但也有出现困难的可能性。参与大国势力范围博弈的角色，除了美俄两个全球性大国外，还有印度、沙特和土耳其这些地区性大国。尤其是土耳其，它利用文化与地缘亲近的优势对中亚地区进行渗透，根基很深。这些情况表明，中国在推动"一带一路"时将会面临一连串的竞争对手，局面复杂。

第三是**国际经济秩序规则制约**。具体指两个方面，一是美元霸权的制约；二是美欧国际市场的制约。"一带一路"沿线国家，哪怕是最落后的国家，若想以独立国家身份融入国际社会，就必须遵守现有的国际经济秩序，而这个国际经济秩序则是建立在美元霸权基础上的，而美欧国际市场是确保美元霸权的基础。美国控制了全球的金融体系与国际市场。中国虽然经济体量大，但其经济命脉控制在美欧手中。目前中国进入美国市场的形势极其严峻，同时，对欧洲市场也不能过于乐观。美国一旦协调成功，欧洲大门也随时可能关闭。

三 构建"一带一路"国际市场的战略应对

发现"一带一路"遇到的困难及其制约后，我们如何应对，如何进行调整以规避风险？这里提出如下思考：

第一，**要明确"一带一路"的终极目标**。我们主要有三大目标：一是要实现人民币国际化，使之成为区域性（并非全球性）

的流通货币；二是要建立我国占主导地位的国际市场，使之成为美欧之后的世界第三大国际市场；三是在前两者的基础上建立局部的国际经济规则，其宗旨并非是要推翻美国主导的国际规则，而是在原有的国际经济秩序中提升我们的话语权。

第二，**需要确定"一带一路"的边界与核心区**。"一带一路"倡议向亚欧地区腹地拓展后，它的外延不断扩大，超越了中亚地区，中亚国家明显感觉受到了冷落。现在的"一带一路"包括东南亚、南亚、西亚、中亚、俄罗斯、中欧、东欧、北非、东非，还要拉入拉美国家，等于拓展到了全球。尤其"一带一路"倡议并非虚招，而是真金白银的投入。这种无限制的全球性投入，按目前中国的实力是不堪承受的，因此需要确定边界与核心区。

第三，**建设"一带一路"核心区域的消费市场枢纽**。确切地说，整个大中亚地区就是"一带一路"的核心区域，其重要地位无须赘述。与此相关也最为重要的是，"一带一路"同我国新疆地区的发展稳定有着密切的关系，我们需要通过建设新疆地区的消费市场来解决其经济出路的问题。我国的新疆地区乃至大中亚地区，其发展模式依然是传统的工业化模式，它本身只是原料供应基地（或最多上升为出口加工基地）。然而，远离国际市场和出海口的地缘经济环境的限制，使得这一地区的发展异常困难。如果我们转变思维方式，把发展消费市场作为"一带一路"核心区的抓手，或许更加适合当地的状况。

中国也可适当借鉴俄罗斯的某些做法和经验。现在俄罗斯并没有在中亚地区投入巨额资金，但俄罗斯通过控制中亚的消费市场保持了它的主导性影响。例如，俄罗斯为中亚国家提供了劳务市场。塔吉克斯坦等贫穷国家劳动力过剩，本国难以消化，于是他们就到俄罗斯寻求打工机会，俄罗斯为此提供一切方便。中国也应该**从消费市场着手，通过两个方面发展"一带一路"消费市场**：一是购买中亚国家的产品和服务，甚至提供劳务市场，借此扩大人民币的影响；二是让我国的新疆地区成为"一带一路"核心地区的消费市场和枢纽。中亚国家和内地的产品和服务通过我国的新疆地区进行交换。

当前"一带一路"的规划思维没有摆脱旧有的格局，反而加深了中国及其沿线国家对西方市场的依赖。在没有自己市场、货币和规则的条件下，所谓的"亚欧联合"只是一种设想。在面临美欧围堵的情况下，我们应自力更生建设中国主导的国际市场。中国应该收缩力量，突出重点，加大对中亚核心区域的投入。"一带一路"要充分利用其他区域性合作框架"瘦身"。通过实现人民币区域化流通，逐渐具备国际属性。"一带一路"国际市场的主体必然建在国内，需要在国内市场的基础上加大对外开放，使其演化为"一带一路"的国际市场主体。作为中国最发达的国际大都市的上海，可以考虑让其担当"一带一路"国际市场核心区域的重任。

（华东师范大学中亚研究中心主任　陆钢）

"一带一路"：西方关注的是什么？

本文要点："一带一路"建设经过六年的实践，已进入西方精英阶层的知识版图和关注焦点。当前西方最为关注的四个核心议题是：何为"一带一路"建设？"一带一路"是否带来债务危机？"一带一路"对于环境、性别等社会议题的态度如何？非政府组织和中小企业如何加入"一带一路"建设中？针对西方的这些疑问，中方应该加强"一带一路"品牌建设；新阶段的"一带一路"建设需适当引入民间机构和中小企业的参与；注重国际发展专业人才在"一带一路"建设中的作用，培养民间公共外交家和实践者。

2019年第二届"一带一路"国际合作高峰论坛已在北京举行,西方社会对"一带一路"倡议的相关议题也表达了深切关注,具体来说有如下议题。

一 西方关注"一带一路"的四个核心议题

第一,"一带一路"是什么?"一带一路"官方网站公布了全面、丰富的"一带一路"政策、项目等各类信息,但由于不同文化、语言和体制上的差异,西方知识界和实践者对于"一带一路"的认识往往不局限于这些信息,而是产生不同的理解,这又在很大程度上塑造着他们对于中国海外投资和对外援助的态度和行为。西方有些研究认为,"一带一路"是一个具有重大地缘政治含义的中国"大战略",尽管我国多次强调"一带一路"并非是一个战略,但在海外存有这种认知的研究者仍不乏少数,他们认为,"一带一路"对沿线国家具有所谓的"威胁性"。

另一方观点则相对开放,他们认为**"一带一路"在实际运行中具有一定的分散性**,并不存在一个所谓的"大战略"。"一带一路"是仅仅集中于合作的商业行为,完全取决于参与其中的各方角色和参与的过程。持有此观点的人认为,应该积极参与到"一带一路"中,使其成为成功的合作,从而使沿线国家受益。

在许多国家,上述两种不同观点在其精英层流行,最终哪一种观点取胜将在很大程度上成为左右其是否加入"一带一路"的关键因素。根据官方统计,截至2018年年底,已累计有122个国家、29个国际组织签署了170份政府间合作文件来共同建设"一带一路"。

尽管我们一直强调,"一带一路"作为国际合作平台是全球的公共产品;是推动构建人类命运共同体的重要实践平台;不做具有排他性、封闭性的小圈子;不是中国的地缘政治工具;不是中国的对外援助计划；不是要挑战现有的国际规则；也不成为引发文化冲突的引线，但在一定时期内，**这些误解仍会在一定范围内存在**。"一带一路"建设不可回避这些差异性的理解。

第二，"一带一路"是否带来债务危机？在秉承地缘政治视角的群体中，由于"一带一路"建设而带来债务危机是个经常被提及的观点，也成为当前国际争论的焦点。

事实上，"一带一路"共建的项目主要是商业项目，是企业的市场行为，其资金主要来源于传统国际金融机构（世界银行、亚洲开发银行）、政策性金融机构（国家开发银行、进出口银行）、商业银行、专项投资基金（丝路基金、中国—东盟投资合作基金、中非发展基金）、新兴多边开发金融机构（亚投行、新开发银行、上合组织开发银行）以及出口信用保险机构等。

一些研究认为，根据全球债务统计数字，2013年后低收入国家，尤其是重债穷国的债务规模不断攀升，这为引发新一轮的债务危机埋下伏笔。通过进一步分析债务结构会发现，尽管发达国家对于这些国家的双边借债仍占据绝对高位，但中国影响力与日俱增的趋势也不可小觑，局部区域或引发高风险。

但是，另一些研究则认为，"一带一路"所引发的债务规模是非常有限的，并且是可控的，中国资本也因而被称为"谨慎资本"，事实上国内也日益加紧海外资本流动审核的程序，这在一定程度上也减少了盲目资本的海外流动。

一些海外研究认为，迄今为止，"一带一路"所引发的债务规模是相对有限的。但与此同时，他们担忧的是，在现行大量新的资金融入国际市场而又不具备完全信息之时，原有的全球金融管理体系会发生失效或难以把控的问题。许多研究者指出，我们需要重新思考国际上现有的体系和思维方式，**需要在一个新的平台上搭建各方共同协商的全球金融风险防范机制**。

第三，"一带一路"对于社会、环境、性别、治理等相关规范

的态度如何？ 从亚投行的确立，到"一带一路"的运行，发展投资项目的环评、社评等一系列问题就一直成为国际上密切关注的问题。如果回顾国际发展实践在不同历史时期的指导理念就会发现，实际上对于社会性别、治理等这些价值和规则的关切，在西方国家具有深远的社会、政治发展的内在脉络，它并非针对"一带一路"。

在20世纪40—60年代，西方社会也曾经历了以国家作为代理人，以大型基础设施建设、生产型行业发展为重点的国际发展战略选择。但随着20世纪60—70年代西方国家国内民权运动的兴起，福利国家的逐步建立，以及20世纪80—90年代的民主化浪潮，西方发达国家的海外国际发展工作重点逐渐由原来的"硬"性建设聚焦到教育、医疗、人权、民主等"软"性建设上来，并逐渐形成了一套考察社会"软"性建设指标的思维框架。

因此，当面对一个全新的"一带一路"时，他们自然依据现有的框架去思考这些实践活动。对其而言，**"一带一路"不仅是个经济带，也是一条社会带**。在"一带一路"推进的过程中，如何对接沟通不同的话语体系和实践体系，链接经济硬增长和社会软建设，互联互通同样需要创新性想法和实践。

第四，**非政府组织和发展咨询公司如何参与"一带一路"？** 20世纪90年代以后，在公共治理改革的背景下，非政府组织和咨询公司大量发展起来，成为国际发展界重要的组成群体。他们在走入民间、进入民心，发展项目的设计、管理以及监测评估等方面具有丰厚的实践经验，并具有高度的专业性和成熟的方法论。但自2008年金融危机之后，随着西方官方发展援助的衰减，这些群体也在寻找新的工作机会和资金来源。

当前，如何围绕"一带一路"实现共商、共建、共享，推动发展合作的可持续性和有效性呢？这方面我们可以利用现有国际发展专业人才的技术特长来推动。而另一方面，对于国际非政府组织和咨询公司而言,"一带一路"建设实际上是为其开辟了一个新的职业场,意味着它们能够在新的场域中发挥自己的专长和比较优势。

二 政策建议

第一,**注重加强"一带一路"的品牌建设**。不管西方各界是支持、反对,还是疑虑,"一带一路"已成为国内外知识精英比较认可的提法。与此同时,他们对于"一带一路"的确切含义却并不清楚。笔者在多次的实践互动中发现,不管是在中东欧、英美国家和地区,或是澳大利亚,哪些项目属于"一带一路",当地人并不清楚。在这种泛化的"一带一路"认知模式下,一些海外的半拉子工程、腐败现象、债务陷阱等事例也被塞入"一带一路"的标签之下,从而引起海外社会对于"一带一路"进一步推进的强烈反弹。

在此背景下,中方需要加强对"一带一路"的品牌建设,尤其是借助第二届"一带一路"国际合作高峰论坛的契机,做好相关信息的搜集、整理和推广工作,这将有利于后续"一带一路"工作的顺利开展。

第二,**注重中小型企业、民间机构在"一带一路"建设中的作用**。当前国际社会往往认为,"一带一路"是中国政府推动下的宏观战略,由此对其具有较强的防御性。即便是看到了中国企业在其中的参与,但也认为中方比较关注国有企业、政策性银行等所推行的大型建设项目,而忽略了中小型企业和民间机构在其中的作用。这会让当地政府认为"一带一路"倡议具有地缘政治的特性。为此,在"一带一路"建设项目中,我们可以对中小型企业和民间机构有所侧重,加大对其政策和资金方面的支持力度,使我国更多的中小型企业和民间机构能够有机会"走出去",参与到我国的"一带一路"海外建设中，同时增加"一带一路"海外项目中非国有企业的比重，弱化政府的存在，以减少国际社会的疑虑。

第三，**注重国际发展合作在"一带一路"建设中的作用。**"一带一路"主要侧重经济和商业合作，它并非是对外援助战略，这在国家层面已经明确，但这并不意味着国际发展合作在"一带一路"建设中可以被忽略。事实上，西方国家正是通过国际发展合作这个外交工具，一方面为国内的经济建设和商业合作提供软件支持及民心沟通，从而有利于经济活动更快更好地开展；另一方面为国际公共产品的供给提供支持，从而建立负责任的大国形象。因此，如何围绕"一带一路"，开展具有中国特色的国际发展合作创新，加强与多边机构、双边机构和民间机构等各方联合互动，应成为今后我们工作的重点之一。

（中国农业大学"一带一路"农业合作学院
副院长、教授 徐秀丽）

欧盟对"一带一路"的态度变化及建议

本文要点：自"一带一路"倡议提出以来，欧盟机构及部分成员国的态度经历了一定的变化，总体由积极变消极，这种态度的变化受到多重因素的影响。究其原因，主要是欧盟出于对自身利益的考量，担心"一带一路"倡议可能会对其带来多重风险；另外，美国的影响也是重要因素，使得欧盟显示出了对"一带一路"倡议的两面性。对此，我们应立足解决中美贸易纷争，为"一带一路"倡议创造相对良好的合作氛围；坚持企业合规经营，多做调研，做好风险评估；积极推动第三方合作，切实让欧洲企业参与进来，形成共建和共赢格局。

一 欧盟对"一带一路"立场的变化

欧盟对"一带一路"的态度在不同的阶段有其不同特点。

第一，**观望期**：2013年和2014年中国陆续提出"一带"和"一路"倡议时，**欧盟没有直接表态**，主要原因是欧盟机构并不清楚"一带一路"倡议的目的、具体内容和执行方式是什么，当然在此期间也有不少对"一带一路"倡议臆测的成分。

第二，**参与期**：2015年欧盟委员会主席容克表示，欧洲投资计划与中国的"一带一路"倡议可以加强合作；随后，中欧双方提出"一带一路"倡议与欧洲投资计划对接、中欧建立互联互通平台等一系列举措；同年，中方牵头成立了亚洲基础设施投资银行，西欧大国如英、法、德、意等纷纷加入。欧洲对"一带一路"倡议的参与是伴随着对这一概念和内涵逐渐有所了解的背景下发生的，**双方的合作对接本质上是一种试探性的、以愿景为导向的，而不是政策上的全面对接**。

第三，**防备期**：自2016年开始，欧盟对"一带一路"倡议采取了防范立场，并加强了对欧洲市场和利益的保护。**欧盟高度关注"一带一路"可能带来的风险及其影响**，陆续出台了一系列具体举措，对中国企业的投资尤其是对欧洲高新技术产业的投资加强审查，如加大了对匈塞铁路等"一带一路"项目的审查力度。

第四，**竞合期**：在防范的同时，欧盟继续维持同中国的合作关系。双方在融资等方面取得了进展。2017年双方签署《丝路基金和欧洲投资基金促进共同投资框架谅解备忘录》，设立中欧共同投资基金。2018年9月，欧盟发布《联通欧亚—欧盟战略的基石》的联合通讯，全面阐释欧盟推进欧亚互联互通的新战略。考虑到欧亚大陆互联互通领域巨大的市场机遇及"一带一路"倡议所取得的成就和广泛影响力，**欧盟在确保自身优先事项和具体利**

益得到维护的同时，寻求与中国达成具体、深入的合作。

二 欧盟成员国及其他行为体态度的变化

欧盟内部对"一带一路"倡议看法多元复杂，具体情况如下：

(一) 东西欧差异明显，南北欧各有侧重

第一，**中东欧积极**。"一带一路"在中东欧16国实现了全覆盖。这些国家希望借助自身在亚欧大陆的地缘优势来发挥丝路枢纽的作用，从而在基建、能源、物流、投资等领域通过与中国开展务实合作获取收益。匈牙利、塞尔维亚、克罗地亚、波黑等国乐于与中国开展深度合作；波兰和波罗的海三国则比较谨慎，强调更尊重北约等盟国的利益。总的来说，**对遭受高失业率和经济增长放缓的中东欧国家而言，"一带一路"是解决问题的好办法**。

第二，**西欧质疑和防范**。西欧的英、法、德等大国则持质疑和防范态度。**西欧大国强调中欧合作需先解决理念和规则上的沟通对接问题**。它们认为，"一带一路"倡议所秉承的"共商、共建、共享"原则不能以违背欧盟规则、违反欧盟利益行事，在欧实施倡议要保持透明度，基建等项目要在欧盟规定的交通运输网络框架下实施。英国坚持要把"对等贸易"、西方的"最佳实践"加入合作前提中；法、德则坚持对"一带一路"重要投资项目加强审查。

第三，**南欧欢迎**。南欧国家欢迎来自中国的投资，希腊、葡萄牙和意大利是其中的典型代表。**中国大项目投资在南欧落地**的趋势近些年来逐步增强。

第四，**北欧务实**。北欧国家更加务实，合作时重点看的是项目能否带来实实在在的成果。近年来，**中国和芬兰、冰岛等北欧国家积极推动"极地丝绸之路"建设**，芬兰正推动本国的"北极走廊"计划与"一带一路"倡议相对接。

（二）欧洲不少企业和城市（或地方）态度积极

"一带一路"倡议（如中欧班列）是通过节点城市之间的互联互通来实现的，主要通过地方政府和企业来推动，所以企业和城市是重要参与主体，甚至是推动国家参与倡议的重要力量。

第一，**企业积极参与**。欧洲一些从事出口贸易、工程建设和物流业务的大型企业积极参与"一带一路"项目，如德国的敦豪航空货运公司（DHL）、联邦铁路公司和西门子公司。此外，一些影响力较大的航空公司也积极参与"空中丝绸之路"的建设。

第二，**城市是重要的推动力量**。德国杜伊斯堡和汉堡、西班牙马德里、荷兰阿姆斯特丹和鹿特丹、波兰罗兹等城市争相成为中国入欧门户及"一带一路"区域枢纽。杜伊斯堡港、汉堡港和阿姆斯特丹港是中国的合作大港，是中国货物进入欧洲的重要停靠地。波兰罗兹和中国成都的合作也构成了地方合作推动国家合作的一个典范性案例。地方之间的合作使中欧合作持续走向深入。

（三）政党、利益集团、社会组织等态度各异

第一，**政党合作有潜力**。政党支持是"一带一路"实施的重要政治基础。虽然欧洲右翼政党势力抬头，民粹力量当道，但意大利、希腊、奥地利、匈牙利、波兰等国的民粹执政党都对"一带一路"倡议表现积极，出台政策或设立专门的合作委员会。可见**右翼奉行的保护主义与反对"一带一路"不能画等号**，我方应积极推动"一带一路"倡议与欧洲右翼政府的良性合作氛围。欧洲左翼党派正积极寻求变革以扭转下滑的民意支持率，对倡议的关注度并不高。

第二，**利益集团暗中操控**。在产能（光伏、钢铁）、基建、能源等领域，**欧洲多个利益集团是欧盟不断对我发起反倾销和开展调查的重要推动力量**。受到美欧部分利益集团推动，欧洲正在进行"中国影响力调查"，集中考察"一带一路"倡议在欧洲可能产生的影响，渗透力度很大，包括欧洲议会、英国、德国、捷克

等纷纷出台了第三方评估报告。而一些与我有合作潜力的利益集团，目前对"一带一路"倡议总体表现比较低调。

第三，**智库、媒体观点较为负面**。欧洲智库和媒体等社会组织的立场也值得关注。欧洲主流智库和媒体基本受美欧大国影响和操控，由此**对"一带一路"的质疑偏多**。如英国的《金融时报》，由于受日本财团控制，关于"一带一路"倡议的报道大都负面和偏激，在欧洲舆论场具有不利的传导性影响。

三 欧盟机构和成员国态度变化的原因

2016—2017年是欧盟对"一带一路"倡议看法的转折点，此前态度比较务实和积极，随后态度明显消极，从合作转向防范。

第一，出现上述变化，**欧盟对自身利益的考量是主导因素，担心"一带一路"倡议可能会为其带来多重风险**：一是**欧盟规则失控**，认为"一带一路"倡议是绕过欧盟规则而另搞一套；二是**国际秩序失衡**，认为中国正从国际秩序的维护者变成革命者，是在建立不同于西方偏好的秩序和规则；三是**产业利益受损**，认为"一带一路"建设通过投资强化中国在欧洲关键产业的存在，可能危及其高科技、机械和能源等核心产业；四是**形成"债务陷阱"**，认为中国贷款给欧洲国家从事基建项目，导致该国债务水平上升，陷入中国的"债务奴役陷阱"，从而扩大中国在该国的影响力。

第二，**美国的影响是重要因素**。美国对欧影响是全方位的，不仅包括军事和政治上的影响，还包括利用利益集团、媒体和智库施加影响。欧洲对华由此表现出两面性：一方面，**在中美争端中秉承务实主义，两面受益**；另一方面，**在关键议题上同美国联手施压**，主要包括对华投资安全审查，不承认中国完全市场经济地位等。受中美和中欧两个"大局"的影响，部分支持"一带一路"的国家态度出现偏转，如波兰、捷克、罗马尼亚和立陶宛。

四 政策建议

第一，**大局着眼**。中美关系无疑是影响"一带一路"在欧实施的一个全局性问题。尽管不能指望美国短期缓解对我压力，但立足解决中美贸易纷争，无疑会为中欧"一带一路"倡议合作创造相对良好的氛围，是解决问题的着眼点之一。

第二，**合规经营**。欧盟是强规则市场，是借助规则进行利益保护的一个特殊市场，与欧盟加强具体规则沟通，坚持企业合规经营，切实履行企业责任是尊重欧盟规则、加强合作的第一步。

第三，**调研在先**。多在欧洲搞好调研，摸清情况。尤其是对欧洲的利益集团、社会组织、大型企业和党派群体，需要考察清楚它们的动向，了解其关切，寻找解决办法。

第四，**风险评估**。对于"一带一路"倡议在欧洲内外部面临的风险，及时做好风险评估，提供预案。如对民粹主义党派议会选举情况做出具体研判，争取民粹主义党派成为支持"一带一路"倡议的重要力量。对欧洲的两面性和摇摆性做出充分评估，充分发掘其合作积极性。

第五，**务实低调**。"一带一路"建设已经从"大写意"转到"工笔画"，要从实处着手，专注于细节，低调做事。注重企业走在前，民心支持跟在后，避免过度宣传。

第六，**三方合作**。积极推动第三方合作，切实让欧洲企业参与进来，形成共建和共赢格局。积极推广三方合作的典型和成功案例，切实体现"一带一路"倡议的"共赢"特点。

（中国社会科学院欧洲研究所中东欧研究室
主任、研究员　刘作奎）

将中国 PPP 经验应用于"一带一路"建设

本文要点：随着政府和社会资本合作（PPP）项目的推广与应用，我国取得较大的发展成效，有效地激发了我国经济活力以及创造力，积累了较丰富的经验。PPP与"一带一路"建设的关系是相互承接的，PPP模式可以为基础设施建设更好地引入社会资本，同时"一带一路"的核心"五通"为PPP模式的扎根提供了一定的土壤基础，有助于PPP模式的顺利开展。未来在推进"一带一路"建设过程中，需要进一步强调PPP模式在"一带一路"建设实施中的重要作用。

"一带一路"横贯亚、欧、非三大洲,沿线多个国家,既有发达国家,也有正在快速发展的新兴国家和经济基础较薄弱的地区,各国基础设施建设极不平衡。对于发达国家而言,基础设施存在着不断更新升级的改扩建投资需求;对于新兴国家和经济基础较薄弱的地区而言,基础设施严重滞后,需要引进国外资本加快建设。结合"一带一路"相关国家的实际情况,**运用政府和社会资本合作(PPP)模式支持"一带一路"相关国家的基础设施建设**,可以释放出社会资本的活力,缓解相关国家政府财政压力,弥补投资不足,提高投资效率和质量,克服原有机制弊端。

一 我国 PPP 市场发展经验

截至 2018 年 12 月底,**全国管理库项目累计 8654 个、投资额 13.2 万亿元**。落地项目同比净增 1962 个、投资额 2.6 万亿元,落地率同比上升 16.0 个百分点;落地项目累计 4691 个、投资额 7.2 万亿元,落地率 54.2%。开工项目同比净增 1078 个;开工项目累计 2237 个、投资额 3.2 万亿元,开工率 47.7%。

随着 PPP 项目的推广与应用,我国取得较大的发展成效,有效地激发了经济活力以及创造力,提高了财政资金使用效益,其主要原因如下:

第一,**连续出台文件加以规范**。2014 年以来,国务院及各相关部委从制度建设、政策设计等方面着手,先后以"指导意见""实施意见"等形式印发了 PPP 改革系列指导文件,为推进 PPP 改革提供了指导保障,成为地方制定 PPP 新规与推动 PPP 改革的主要政策依据。

第二,**建立约束政策机制予以激励**。国务院和财政部等部委出台了包括财税、金融、价格、土地、资产管理等一系列激励配套政策,加快了 PPP 市场发展。同时也严厉制止各种政府变相兜底的违规举债行为，防止出现系统和区域性金融风险。

第三，**建立协同机制推进工作进展**。国家发展改革委、财政部等各有关部委和各地方政府纷纷成立了相应的PPP实施机构。多个地方政府成立"PPP工作领导小组"，建立了PPP联席会议制度。

第四，**建立PPP项目库和信息平台予以推介**。国家发展改革委、财政部等相关部委和各地方政府积极推动PPP项目库建设，搭建综合信息平台。

第五，**创新投融资机制促进发展**。为解决PPP项目前期开发和融资困难问题，有关部门和地方政府积极设立PPP引导基金。财政部牵头设立PPP融资支持基金，初始规模达到1800亿元；国家发展改革委提出"推荐建立多元化、可持续的PPP项目资金保障机制"，联合财政部印发《关于政府投资支持社会投资项目的通知》，联合银监会、保监会下发《关于银行业支持重点领域重大工程建设的指导意见》《关于保险业支持重大工程建设有关事项的指导意见》，从政府投资、开发性金融、商业银行与保险机构等层面促进PPP模式发展。

二 如何将PPP经验应用于"一带一路"建设

（一）推广中国PPP经验需要注意的几个问题

第一，**注重把控和管理PPP项目投资风险**。PPP最大的问题就是风险控制。因此在选择PPP投资项目时，首先，要特别考虑所在国的政治风险、法律风险和社会风险等，认真开展"一带一路"国别风险的研究，并建立动态监控体系和网络，长期跟踪，动态研判。其次，具体到一个项目的投资筛选，可以通过评价项目所在地的资源条件、劳动力市场、政府执政能力等要素，进行综合考虑，分析项目产出与效益，确保项目上马后能够平稳运行，最终获得稳定和持续的收益。

第二，**注重总结推广中国PPP模式**。PPP起源于英国，国际上通行的是英国做法，在实践过程中英国等发达国家的经验曾给人们以启发。但近年来中国的实践经验也正在向全球推广，中国的PPP政策和实践具有强烈的中国特色，包含成功经验和失败教训，是我国进入新时代后公共服务供给侧改革和基础设施投资体制改革的产物，是发展中国家进入后工业化时代解决公共服务的模式探索，对广大发展中国家具有现实参考价值。因此，我们不仅要在"一带一路"沿线国家采用PPP模式推进项目建设，同时要总结中国特色PPP经验和案例，推广中国PPP模式，帮助相关国家构建PPP政策和管理体系。

第三，**科学引导PPP与"一带一路"建设相承接**，这是由"一带一路"建设特点所决定的：其一，PPP模式顺应"一带一路"发展规划的需要。"一带一路"要求基础设施建设要到位，需要大量资金支撑，通过PPP模式可以更好地引入社会资本。其二，"一带一路"建设重在"五通"，这为PPP模式的扎根提供了一定的土壤基础。

自"一带一路"倡议提出以来，我国对"一带一路"沿线国家累计投资超过600亿美元。中国企业已经在20多个国家建设56个经贸合作区，为沿线国家创造近11亿美元税收和18万个就业岗位。2017年，习近平主席在"一带一路"国际合作高峰论坛上提出，要创新投资和融资模式，推广政府和社会资本合作，将"一带一路"建成繁荣之路。因此，我们应重视PPP模式的重要性，充分发挥该模式在"一带一路"建设中的重要作用。

（二）如何将PPP经验应用于"一带一路"建设？

第一，**做好国家间战略与政策的对接**。一方面，我国政府相关部门要为跨境PPP投资企业创造一个融洽的外部环境，与PPP项目所在国的各派政治力量保持较好的外交关系，了解项目所在国有明确需求、明确指向的项目。同时，对于地缘政治以及大国的博弈因素采取审慎的态度，加强与域内外各大国的沟通交流及合作，谋求共同发展。另一方面，我们还应积极参与国际规则的制定，将发展中国家和"一带一路"沿线国家的理念融入新的国际规则中。同时，**重视开展对项目所在国的法律咨询工作**，对于跨境PPP项目中不同的合同关系适用法律以及司法管辖权问题应在相关合同中明确。

第二，**成立PPP专门机构和项目库**。为增强"一带一路"沿线基础设施项目对社会资本的吸引力，发展更多的社会资本参与"一带一路"建设，应积极推进PPP模式的应用：其一，我国政府应与"一带一路"沿线国家在发展、外交、贸易等方面密切协同，制定基础设施领域投资重点计划项目清单，设计一批营利性的产品或项目，**构成"一带一路"沿线PPP项目库**，吸引私营资本参与跨境PPP基础设施建设。其二，我国政府部门应**设立专门机构对开展境外PPP项目进行指导管理**，为境外PPP项目的推进提供组织保障。

第三，**建立合理的风险分担机制**。由于"一带一路"建设的PPP项目规模较大且运行方式的多样性，可能存在很多意想不到的风险，**有效地识别并合理规避风险成为PPP项目成功的关键**。一是增强政府的风险管理意识，提高风险管理能力；二是建立合理的PPP风险分担机制，通过科学的机制将PPP项目风险进行平衡、转移和分担；三是加强PPP人力资源建设，加强PPP专业人才培养，充分保障项目的实施进程和正常运营管理。

第四，**通过合同协议规避金融风险**。跨境PPP项目投资金额巨大，利率、汇率及通货膨胀的风险会对企业成本及收益造成较大的影响，甚至会使企业损失巨大，企业的融资构成和期限也会对项目成本有较大的影响。跨境PPP项目投资企业可以**通过合同或以协议来有效规避金融风险，实现风险的合理分担**。比如，若东道国有外汇管制，应由东道国政府主管金融部门做出承诺，保证企业投资收益汇出；对于利率、汇率或通货膨胀的变化，可以在合同中约定变化调整的条款，由 PPP 项目的利益相关者共同分担变化所带来的额外支出。

第五，**进一步完善融资模式**。"一带一路"作为一项长期的规划，其资金需求和缺口较大，**需要多元化的融资机制**。一是充分发挥政策性金融的先导作用和商业性金融的主体作用，**完善银企合作机制，支持金融机构拓展低成本的信贷融资渠道**；二是**改善对传统的间接融资的支持和服务**，如传统信贷不够，存在期限错配问题，因此需要进行金融创新，使之能够提供长期而且是低息的贷款；三是**需要加强直接融资对"一带一路"建设的支持和安排**，加强多层次资本市场的建设，与"一带一路"沿线国家的资本市场对接合作，来为"一带一路"建设提供资金支持和安排，包括各种基金的支持和安排；四是**加强开发性金融方面的支持和安排**，不仅包括国开行、进出口银行，还有其他一些开发性金融的资金支持和安排，加强同开发性金融机构的合作，包括与国际多边开发金融机构之间的合作；五是**加强保险业的支持和安排**，不仅是出口保险的支持，同时加强其他保险机构对于"一带一路"建设的支持力度。

（国务院国资委研究中心副研究员　吕汉阳）

澳门在对接"大湾区"和"一带一路"的机遇

本文要点：当前澳门发展的两个重要背景分别为"一带一路"倡议和粤港澳大湾区战略。大湾区战略为澳门提供了展开城市合作、拓展生存与发展空间的机遇，澳门由此能够吸引人才和培育人才，为大湾区建设提供人力资源支撑，也能将自身打造成中华文化和多元文化的交流合作中心。我国企业在"一带一路"投资并购中面临融资难和投资风险高的问题，澳门可以为企业"走出去"提供资金融通和中介服务，还可以有效利用投资基金，积极参与"一带一路"基础设施建设和产业升级。

"澳门平台"是一家以中文和葡萄牙语进行报道的媒体集团,在澳门特区和葡语国家受众广泛。该集团非常关心中葡经贸关系和澳门未来发展,于2019年6月28—29日在澳门特区举行了五周年庆典和研讨会。来自中国和葡萄牙的企业高管、大学和智库的学者及澳门特区政府的相关工作人员参加了会议。

总的来说,目前社会各界对澳门平台的关注点包括以下几方面:一是澳门博彩业的发展前景和其他新兴产业的可行性,对此多位企业家从自己从事的行业出发表达了对澳门经济适度多元化的信心。二是澳门与香港的合作竞争关系。香港大学的教授发表了对香港特区的治理意见,并期待能给澳门提供借鉴。三是澳门的环境保护问题,多位社会活动者强调了发展经济的同时要保护环境的关切。

毋庸置疑,澳门发展的两个重要背景是"一带一路"倡议和粤港澳大湾区战略,澳门将与二者如何对接成为与会者最关心的问题。以下是笔者对这个问题的个人观点。

当前**澳门经济发展具有如下特点**:其一,**持续多年的经济快速发展开始步入调整时期**。澳门GDP增长率在2015年后迅速下滑,经济发展新动力不足,经济结构调整的节点已经来临。其二,澳门原有经济结构高度单一化,一枝独秀的博彩业占据GDP的80%以上,近年来**博彩业发展疲弱**,对经济增长拖累现象严重。发展的新动力仍处于培育期,产业结构失衡矛盾加剧。其三,在澳门传统四大产业中,过去30年**制造业大幅萎缩**,制造业占澳门GDP的比重从1989年的21%下降到2013年的0.6%。建筑房地产业大起大落,较难成为澳门经济的支柱,相比之下,近年澳门的金融业却取得了一定的发展。

澳门在对接"大湾区"和"一带一路"的机遇

一 大湾区战略与澳门的作用

国家实施粤港澳大湾区发展规划，目标在于支持港澳地区融入国家发展大局，深化内地与港澳地区的交流合作，这无疑给澳门地区的发展提供了难得的机遇。对此，澳门应把握有利时机，调整工作思路，积极融入国家发展大局，借力实现新的发展。

大湾区战略是力求把粤港澳大湾区建设成为国际一流湾区和世界级城市群，即国际一流航运中心、国际贸易中心、国际金融中心、全球科技创新中心和先进制造业中心，成为全球最有影响力的湾区经济地带。澳门在粤港澳大湾区整体规划下寻求自身的发展和经济的增长，需要考虑澳门的资源禀赋，现有的产业结构及相应的路径依赖，潜在的突破缺口，澳门长期发展的定位和增长动力等方面。笔者认为在粤港澳大湾区规划的大背景下，澳门在以下五方面存在机遇：

第一，**澳门具有吸引创新人才的优势和机会**。粤港澳大湾区的一个重要转变是区域经济发展由"贸易引领经济发展"转向"服务业和创新引领经济发展"。典型湾区的发展历程分为港口经济—工业经济—服务经济—创新型经济四个阶段，粤港澳大湾区的对标，旧金山湾区就是以科技创新为主要特点，位于湾区南部的硅谷闻名于世。即使是以金融业和先进制造业为主要特点的纽约湾和东京湾，也处于服务经济向创新型经济转轨的过程中。

当前珠三角制造业比较发达，整体处于工业经济向服务经济转型的过程中；香港、深圳已经出现一些创新型经济的特征。澳门受制于空间资源的约束，无法容纳先进制造业，也难以从事大规模的、产业化的技术创新。澳门更好的选项是，根据已有的优势或产业基础，**吸引几项细分技术创新团队入驻**，例如生物技术、人工智能、互联网和材料等领域。考虑到高端技术创新的团队通常是人数不多的小团队，澳门可以通过个人税收减免、提供优越生活环境及研发基地等来吸引高端技术人才，在澳门进行研发后转让研发成果，或对接广东的制造业基地。对澳门来说，这是可行性较高、成本较低且收益丰厚的一个选择。对研发人员来说，由于基础研发耗时较长，且香港与深圳的生活成本过高，而澳门外接国际研发，内联生产基地，加上优惠的税收政策和其他支持措施，对研发团队具有较大的吸引力。在澳门具有吸引研发团队的经验后，再逐步扩展到更多产业，逐渐形成以技术研发和转让为目的的基地。

第二，**大力吸引和培育人才，可为大湾区建设提供人力资源支撑**。粤港澳大湾区建设一个可能的瓶颈是人才的缺乏。为适应融入国家发展大局的需要，澳门应加快人才市场的开放，这可以参考深圳的经验，提出"来澳门的都是澳门人"的理念，本地居民和移民共享澳门的市场环境，澳门政府鼓励在澳创新创业，提供宽松的市场环境，移民通过自身努力来为自己创造福利。同时，澳门教育设施相对发达，本地高校资源具备为大湾区建设提供人才教育培训的条件。国家应当积极鼓励，允许澳门特区的高校扩大在内地尤其是大湾区的招生范围，发挥澳门的教育基地作用。澳门自身也需要更加主动，不断充实教育内容，完善教育体系，改进教育质量，**把澳门打造成为大湾区一个重要的教育基地**。

第三，**完善政策机制，密切与中央政府和湾区内其他城市政府的联系**。粤港澳大湾区的建设，需要政府、企业、民间等多个层次进行协调和推动。政策对接是其中非常重要的一环。一方面，澳门自身政策需要适应形势需要，尽快完善相关机制，在此基础上，要与粤港二地政府之间实现职能的整合与协调，形成并提升行政合力。另一方面，粤港澳大湾区规划已经上升到国家战略层面，澳门可建议在粤港澳高层联席会议中加入发展改革委、财政部、国税、民政等部委，便利多层面、多领域、多渠道协调、统筹和处理问题,并将高层联席会议常态化,建立快速直接的沟通渠道。

第四,**展开城市合作,拓展澳门的发展空间**。澳门是个小型经济体,产业相对单一,城市发展空间有限。可以把握大湾区合作机遇,通过城市合作解决目前土地空间不足的问题:第一个层面是**与中山、珠海建立"1小时生活圈"**;第二个层面是**与广东省、福建省的合作**;第三个层面是**澳门特区与葡语国家间的经贸合作**。此外,还可以利用澳门社团众多的优势,建立社会广泛参与的城市间、企业间、社区间的合作机构,为澳门利益发声,提高对其他城市的影响力。

因此,需要继续加强和完善澳门自身的基础设施建设,包括航空、高铁、城际公路、城市轨道、海运在内的综合交通体系建设,便利旅游休闲人群的流入流出。需要加强信息网络硬件投入,建立特定的交易平台和信息系统,提供便捷的电子商务和信息流通渠道,提升澳门信息化水平,提高当地群众的生活质量,提升游客的舒适度与便利性,促进数字经济发展。

第五,**打造中华文化和多元文化交流合作中心**。在中国的对外开放新格局中,中国文化的输出与融合、对外文化交流是非常重要的一环。在粤港澳大湾区规划下,除了资金和人员流动,澳门也有希望在信息畅通流动方面发挥自己的作用。

具体来说,澳门可以每年定期举行中国文化与多元文化的交流合作活动,举办频率为每月甚至每周;活动类型可以涵盖民间传统工艺艺术、电影节、时装节、音乐节、艺术演出等方方面面的内容;活动规模包括国际性的、区域性的、国别性的甚至小规模专业性的活动。**高频率的文化交流活动能充分发挥澳门现有的优势**,为澳门吸引更多的游客,与澳门现有的会展行业和旅游行业相结合,延伸到更多产业,还能够提升大湾区优质生活圈的质量。与此同时,澳门还可以在"大娱乐业"概念下寻找其他有潜力发展的行业，例如，依托大湾区科技企业的创新，在澳门建立多类型的虚拟现实（VR）体验馆、航天科技和其他尖端科技的大众消费场所等，寻找产业和消费市场之间的结合点。

二 "一带一路"倡议和澳门的机遇

过去十多年来，中国对"一带一路"沿线国家的直接投资规模增长迅速。商务部发布的中国对外直接投资官方数据显示，中国对"一带一路"沿线地区的直接投资由2003年的2亿美元大幅上升至2017年的207.3亿美元，占中国对外直接投资总额的比例由7.1%攀升至13.1%。从国外智库的数据来看，2017年中国对"一带一路"沿线国家大型项目（1亿美元以上的项目）的投资高达339.4亿美元，占中国对外直接投资总额的19.1%。

目前中国企业在"一带一路"投资并购中面临两大问题：

一是融资难。在中国早期的对外并购中，国有企业所占比重较大，国企的融资渠道较多，资金成本较合理，资金量相对充裕。近年，随着私营企业在对外并购中占到越来越高的比重，融资难的问题日益显现。目前私企对外并购更多的是使用自有资金，金融杠杆手段利用不足。如果发生大型并购，资金需求缺口则会更大。相比绿地投资，并购的筹资时间更短，融资渠道成为决定并购成败的关键环节。

二是投资风险较高。中国在"一带一路"沿线地区的投资风险高于中国整体对外投资面临的风险水平。一方面，"一带一路"地区多为发展中国家，经济基础整体较为薄弱，经济结构单一，经济稳定性较差；部分国家地缘政治复杂，政权更迭频繁，政治风险较高，而且内部社会弹性和偿债能力也较低，投资具有较大不确定性。另一方面，受意识形态的偏见以及大国战略博弈等因素的影响，仍有很多国家对"一带一路"倡议存在认知上的偏误，尤其是对"一带一路"倡议的意图存有疑虑或持观望态度。根据中国社会科学院世界经济与政治研究所的报告，2019年的评级结果显示：在35个"一带一路"投资目的国当中，低风险级别（AAA-AA）仅有新加坡一个国家；中等风险级别（A-BBB）包括27个国家，占35个国家的绝大多数；高风险级别（BB-B）包括7个国家。

澳门如何抓住"一带一路"倡议，融入国家发展大局，实现新的发展？这需要综合考虑澳门自身特点与国家发展战略的需要，选准方向，互利合作，重点发力，求得实效。澳门自身的特点是地域狭小，资源禀赋不足，但国际化程度高，中西文化融合，与葡语区国家联系紧密，区域金融实力较强，休闲旅游服务设施完备，与大湾区其他城市同根同源，血脉相通，文化相同，语言相通，联系密切。澳门要抓住国家实施"一带一路"建设的机会，除了借助建设国际旅游休闲中心与葡语区商贸合作服务平台发挥重要作用外，也可以在以下方面发挥作用：

第一，**为国内资本和全球资金服务**。澳门可以考虑服务我国和全球企业投资的需求，为中国企业"走出去"提供资金融通，提供投资中介服务。

澳门发展投资金融服务行业甚至是离岸金融业具有较高的可行性。澳门特区为全球最开放的贸易和投资经济体系之一，奉行自由市场经济制度，属于独立关税区，实行简单及低税率的税制，没有外汇管制，资金进出自由。澳门特区与全球100多个国家和地区保持贸易往来，商业运作准则与国际惯例接轨，投资营商手续简便。1999年澳门特区颁布了《离岸法案》，法案在2000年正式实施，便利离岸金融业务的开展。澳门特区在国际金融市场分类中也早就被视为离岸金融市场，2000年国际货币基金组织把澳门特区界定为与卢森堡、摩纳哥、开曼、中国香港等一样的全球离岸金融中心。

投资金融服务业和离岸金融业对澳门好处较多。第一个好处是考虑到了澳门经济的特点，**能够突出本地制度、社会方面的优势**。离岸金融业对地理条件、资源禀赋、空间的要求相对较低，同时利润率较高。澳门在金融业具有一定基础，并不选择建立全球性的离岸金融中心，也不提供全面多样化金融中介服务，而是提供专业化的服务以及国际金融方面的优惠条件，从中获得高的税收和收益。第二个好处是**能够处理好与香港、深圳的错位竞争**，并利用和香港邻近的区位优势来便利自身业务的开展。第三个好处是离岸金融中心服务的产业关联度强、可拓展空间大，**能够建立融资、投资、资金借道的关键节点**。

第二，**有效利用投资基金，积极参与"一带一路"基础设施建设和产业升级**。澳门回归祖国以来，经济持续繁荣，积累了较为充裕的财政资源，到2017年年末，财政储备达到4900亿澳门元，是一笔宝贵的资源，既可以为澳门经济社会的发展提供支持，也能够为国家实施"一带一路"倡议提供必要的支撑。澳门已经使用储备建立投资基金，意在利用市场的办法保障未来收益。以投资基金形式积极参与"一带一路"基础设施建设，能够实现财政储备的更有效利用和更合理回报。

此外，澳门还可采取产业基金、创新基金等形式，积极参与"一带一路"金融产业、高端制造业、生物医药产业、集成电路产业、生态与观光农业、新材料、新能源以及科学研究与应用等新兴产业和支柱产业的发展。特别是澳门应当积极加入投资银行、证券、保险、信托、基金、融资租赁等新设立金融机构的建设与发展，拓展澳门的金融辐射能力。

（中国社会科学院世界经济与政治研究所副研究员　潘圆圆）

重视"一带一路"建设中的防灾减灾问题

本文要点:"一带一路"沿线国家和地区的灾害风险水平要高于全球平均水平,严重威胁着"一带一路"建设的进展。防灾减灾作为"一带一路"建设中民心相通最大的公约数,不仅可以保障我国企业"走出去"和国家对外投资安全,而且可以促进沿线国家和地区的可持续发展。本文认为,"一带一路"综合防灾减灾研究与实践的重点地区与关键领域包括:丝绸之路经济带、海上丝绸之路、重大工程建设、六大经济廊道建设、防灾减灾数据信息平台建设和跨境区域救援能力建设。对此,我们应积极建构综合风险防范管理模式和应对机制。

从"一带一路"建设的五通来看，防灾减灾的投入对沿线国家能起到雪中送炭的作用，促进民心相通；设施联通中的基础设施建设离不开稳定的自然环境，防灾减灾不仅有助于促进设施联通，而且有助于促进政策沟通、贸易畅通和资金融通。反过来，良好的五通将促进沿线地区综合防灾减灾与可持续发展，对"一带一路"建设安全开展大有裨益。防灾减灾作为"一带一路"安全建设的重要抓手，不仅可以带动高技术领域的融合发展，还可以扩大产业服务辐射能力，从化解重大风险的角度出发，分析"一带一路"关键和重点区域的防灾减灾具有前瞻性和现实意义。

一 "一带一路"防灾减灾的重要性与迫切性

"一带一路"沿线是世界上自然灾害种类最多、灾害危险最大、灾情最严重的地区之一。气候变化背景下居高不下的自然灾害风险，严重威胁着"一带一路"沿线公众的生命和财产安全，制约当地社会经济发展和"一带一路"建设的响应和参与能力。

从孕灾环境来看，"一带一路"沿线地理环境复杂且差异巨大，跨越高寒、高陡、高地震烈度区及太平洋和印度洋季风区，孕灾环境稳定性差。从致灾因子来看，"一带一路"沿线国家和地区处于世界环太平洋和北半球中纬度两大自然灾害带中，各类自然灾害频发，域内分布着全球灾害频发的地震带。从灾害成因类型上来看，几乎所有的致灾因子都在"一带一路"区域有分布。从灾害复杂性来看，"一带一路"地区灾害复杂性凸显，气候变化背景下各类灾害突发、串发和并发现象增多增强，突出表现为多灾种、灾害链和灾害遭遇，跨境巨灾频发。从承灾体及其灾害防御能力来看，由于"一带一路"区域高密度人口和低发展水平，多数国家和地区抗灾能力弱，尤其应对巨灾能力不强且往往无法单独应对，灾害对社会的冲击作用更大。

综上可见,"一带一路"沿线国家和地区的灾害风险水平明显高于全球平均水平。从长远发展来看,"一带一路"建设涉及大量基础设施和交通、通信、能源等重大工程项目,初步估算仅基础设施建设领域的投资需求就高达 8 万亿美元,未来 10 年中国在"一带一路"的投资总额预计高达 1.6 万亿美元。未来"一带一路"沿线国家人口和经济整体呈增长趋势,经济占全球总量的比重持续增加。**气候变化背景下的重大自然灾害风险严重威胁着"一带一路"安全建设和我国境外投资安全。**

二 "一带一路"防灾减灾的着力点

第一,**防灾减灾的技术体系建设与创新是"一带一路"科技减灾的核心所在,也是引领全球和区域综合防灾减灾科技创新的良好契机**。一是基于高分辨率遥感、高精度导航、无人机、大数据、物联网和新一代电子技术的地震灾害、气象和水文灾害、山地灾害、海洋灾害一体化的精准监测关键技术;二是"一带一路"沿线基于灾害形成机理的不同区域、不同灾种预警预报模型与技术模式;三是岩土工程与生态工程优化配置的跨境自然灾害减灾关键技术与模式。同时中国国内的防灾减灾体系和标准走出国门,服务当地,也是中国防灾减灾体系在"一带一路"国家和地区本土化及迎难创新的延伸和拓展。

第二,**灾害风险管理是"一带一路"建设安全保障的关键所在,也是有效化解灾害风险的科学实践**。一是"一带一路"沿线不同灾种潜在灾害判识和预判的方法与模型;二是基于灾害演进过程与动力学机理的不同尺度灾害风险分析、建模、评估与制图方法;三是不同灾害类型的风险防范模式。我们亟须开展对"一带一路"区域内的海洋灾害、山地灾害、水旱、地震等不同类型灾害的区域尺度、流域尺度和不同行政单元尺度的危险性评价与风险评估。开展特殊自然环境条件下灾害动力演化过程的情景模拟，预测区域重大潜在灾害动力学特征、危害方式、影响范围和危害程度等关键参数，并结合承灾体空间分布数据，构建"一带一路"区域多尺度、多灾种、多过程的综合灾害风险评估指标体系，提出风险定量评估模型方法，完成不同时空尺度的灾害风险综合制图。

第三，**"一带一路"防灾减灾的国际合作与交流是协同实现结构性减灾与功能性减灾的重要途径**。一是"一带一路"防灾减灾科学研究合作机制；二是"一带一路"沿线国家自然灾害数据获取、分析、集成与共享机制；三是"一带一路"跨境自然灾害的防灾减灾救灾联动协调机制。关键是识别跨境重大自然灾害和重大工程风险，建立适合沿线国家国情的多国联动灾害风险预警与防范联动机制。发展和推广低成本高效益的灾害防治技术，构建民众能普遍接受的、社会参与度高的监测预警技术和群测群防体系，制定和落实减灾人才培育计划和科技减灾发展路线图。构建"一带一路"区域重大自然灾害综合风险防范的宏观范式和典型地域的风险防范模式，有效实现结构性减灾与功能性减灾。

三 防灾减灾的重点区域与关键领域研究

第一，**丝绸之路经济带。高度关注中亚干旱区水旱灾害的形成机理与减灾技术**。针对丝绸之路经济带中亚欧陆路通道安全建设的重大需求，重点关注和突破灾害监测、灾情评估、风险分析、灾情影响综合研判等关键技术，研制高性能灾害监测与应急服务技术体系，建立多位一体的灾害业务化监测示范网络。与中亚各国防灾减灾部门联合开展冰雪雨洪灾害、干旱灾害、土壤退化、冻土等防灾减灾应用示范研究，揭示灾害形成与演变规律，为丝绸之路经济带关键通道的安全提供技术保障。

第二，**海上丝绸之路**。亟须针对海上丝绸之路的台风、极端降雨、风暴潮、赤潮、海啸、海面污染、海上冰冻等典型灾害，开展灾害形成、演化与成灾机理研究，发展基于多技术手段的突发性海洋灾害预测预报、监测预警与减灾关键技术，开发应急信息多渠道发布技术，**提出海洋灾害应急减灾方案与模式，完善应急响应措施和运行机制，提升突发海洋灾害的应急处置能力**。尤其是针对海上丝绸之路东段，包括马尼拉海沟、中国南海、印度洋西部，规划布局建设若干海啸预警地震监测台站，实现沿线国家海啸预警地震台站的数据共享，实现相关海域大地震的快速定位、震源机制快速判定的能力。建立海啸预警联合研发中心，建立沿线各国海啸灾害数值预警模型，研发基于大数据的海啸预警技术系统，提升沿线各国海啸预警能力。

第三，**重大工程建设**。重点研究水电工程、铁路、公路、港口及辅助设施等重大工程的建设和周边环境的相互扰动机制。研发重大工程自然灾害预防和治理技术，依托重大工程扰动区典型灾害点开展灾害精准防控技术集成与示范。**全面启动编制"一带一路"沿线破坏性地震目录和重点地区地震构造简图**。收集房屋建筑资料，建立地震易损性模型，开展重点城市地震灾害风险评估；收集整理重大工程和关键基础设施数据资料，建立局部地区地震构造模型；开展地震危险性分析和地震灾害紧急处置方案设计，研发为特定工程服务的地震预警系统。

第四，**六大经济廊道建设。重点关注中国及周边国家和地区的灾害风险对"一带一路"陆上经济廊道的潜在影响**。高度关注气候变暖导致的泥石流、滑坡、溜沙坡、冰湖溃决、山洪、堰塞湖等，及其串发或并行的复杂性灾害风险，即多灾种、灾害链和灾害遭遇。分析青藏高原及周边山区灾害的分布规律、形成机理、演进过程和成灾机制。发展适宜气候变化背景下的山地经济走廊区域特征的灾害预测预报、监测预警与防治关键技术，构建高陡、高寒、高烈度的山地灾害防灾与应急减灾技术模式，选择典型经济走廊的重点灾害风险区开展防灾减灾技术集成与示范。

第五，**防灾减灾数据信息平台建设**。联合收集"一带一路"重点区域的不同灾害类型孕灾环境基底数据和成灾基础数据。利用高分遥感和站点观测等技术手段，开展自然灾害基础数据提取与挖掘技术研究，提出不同尺度灾害调查与数据分析技术规程。构建"一带一路"沿线重点国家和地区统一地理框架、多尺度、多时相、多过程、多要素的灾害产品和灾害基础数据库，**研发与建设灾害信息管理平台**，探索建立数据共享与灾害调查机制。

第六，**跨境区域救援能力建设**。研究国际联合救援行动工作机制，确定区域内多国救援联合行动的原则、步骤和行动规范，**编制区域地震灾害国际救援联动技术标准**。研究面向资源协同的国际地震应急救援数据共享云服务技术，实现区域国际救援合作的信息共享和网上协调指挥。研究多元化、多主体地震废墟紧急救援培训模式、技术方法以及联合救援演练模式，针对救援指挥人员、管理人员及专业搜救人员开展专业培训课程，**组织区域内地震救援联合行动示范演练**，形成"一带一路"倡议框架下有效的联合救援能力。

（清华大学公共管理学院助理研究员　孔锋）

全球化与区域经济

经济全球化亟待调整深化

本文要点： 经济全球化狭义上是生产要素借助市场在世界范围内寻求优化配置的历史进程。其内在逻辑是资本逐利本性、各国各地区经济发展水平不均衡和国家间竞争引发的政策支持叠加，推动商品、人才、技术跨国流动与产业转移。2008年国际金融危机结束了市场经济在世界范围内由点到面、由局部到全局的粗放扩展过程，开启了经济全球化2.0进程。实现有管理的经济全球化的途径就是强化全球经济治理，包括理念沟通、规则约束、道德规范、资本监管和全球经济治理的决策机制创新。

2008年国际金融危机引发了世界力量对比的重大变化，促使各类国家不同程度地进行理论和政策反思，反全球化或逆全球化兴起，导致全球多边体制受到重挫，全球经济治理进程急剧减速。厘清经济全球化的概念、历史进程与内在逻辑，探讨新时代经济全球化的方向和全球经济治理日程，已经成为紧迫课题。

一 经济全球化的概念含义

经济全球化，是以市场为基础的人类经济交往活动在世界范围内展开运行的历史过程。它包括三个关键词：市场、世界和过程。我们通常讲的经济全球化是在市场经济基础上的全球化，是源自个别和少数国家、由点到面在世界范围内展开运行的过程。

经济全球化有多种形态和多重含义。在狭义上，经济全球化是生产要素在世界范围内通过市场进行优化配置的过程。资本、劳动、原材料、信息等生产要素只有通过市场，才能优化配置从而转化为现实的生产力。在广义上，经济全球化是市场经济要素的世界化过程。这里所说的市场经济要素，既包括前述市场经济条件下的生产要素，也包括市场经济过程各环节（生产、分配、交换、消费）的全球化，尤其包括市场经济体制、规则、产业链的全球化。

二 经济全球化的历史进程

经济全球化从狭义到广义的演进与其历史进程相关联，300多年来大致经历了四个阶段。

第一，**自由资本主义时期**。经济全球化以17世纪资本主义生产方式在西欧初步确立为起点。第一次工业革命和欧洲早期市场经济时期，经济全球化的主线有两条：一是市场经济从英国向欧洲大陆扩展；二是以英国为首的欧洲列强对其他地区进行殖民掠夺，主要通过向亚非拉输出工业制成品，来交换当地的贵金属和原材料。

第二，**帝国主义时期**。19世纪中叶以后，资本主义进入以金融寡头为基本特征的帝国主义时代，对殖民地投资和列强争夺殖民地成为这段时期经济全球化的关键词。

第三，**两种经济体制对峙时期**。两次世界大战加速了国际共产主义运动和民族解放运动的兴起与发展，瓦解了帝国主义的殖民体系，世界形成南北垂直（北方发达国家和南方发展中国家）的市场经济与以苏联为首的社会主义计划经济两大经济体制。

第四，**"冷战"后市场经济体制成为世界现象**。"冷战"后市场经济成为世界范围内居支配地位的经济体制。不同于过往意义上经济联系的全球化，新一轮经济全球化集中表现为市场经济体制在世界范围内的粗放式扩展，各国经济交往迅猛发展，新自由主义经济理念大行其道。2008年国际金融危机宣告了新自由主义主导下的经济全球化大规模粗放扩展模式的终结，全球化面临着调整深化。

三　经济全球化的内在逻辑

"冷战"后经济全球化的粗放式扩展的简单逻辑是资本逐利本性、"冷战"后各国战略重点转向经济发展以及世界不平衡发展的现实三者的叠加进程，引发**世界范围内的生产要素优化配置，即全球产业转移**。这是一个不以人们主观意志为转移的客观历史进程。

首先，资本为追逐高额利润，总是寻求通过合理配置生产要素来实现成本最小化和利润最大化。其次，经济发展水平不均衡使资本寻求生产要素优化配置具有可选择性，**资本成为"时代宠**

儿"。再次，一个国家或地区能否成为资本"青睐"的对象，既取决于该国或该地区生产要素本身的条件与水平，也取决于相关国家或地区的引导与管理是否到位有效。毕竟，经济不可能在政治真空里运行。最后，在那些成功吸引资本进行生产要素最优化配置的地方，其经济就有活力。反之，那些经济出现问题的地方，无疑与生产要素水平低、配置不均衡和不合理密切相关。

我们看到，苏联解体后，东西方两大阵营的意识形态对立明显淡化，众多国家转向市场经济体制，在几个方面对世界经济产生深远影响：一是**市场经济体制成为世界性现象**。这为市场经济活动在世界范围内展开与运行提供了前所未有的便利条件。二是**世界各国尤其是大国都在大力发展经济**。"冷战"结束后，美国的意识形态和国家安全压力大为缓解，于是福山提出"历史终结论"，克林顿政府提出"经济安全第一"的执政理念，**使世界"美国化"成为美国众多政商精英的战略诉求**。欠发达国家则急于摆脱贫穷和落后的被动局面。三是**世界范围内的不平衡发展凸显，使资本寻求生产要素最优化配置具有可选择性**。当众多地区和国家都在寻求发展经济的时候，那些生产要素综合状况好、政策更为利好的国家，就成为资本首选目标而发展起来，反之则成为被遗忘的角落。多数发展中国家资金短缺而劳动力过剩，普遍执行亲资本的政策，即重视资本甚于劳工利益。四是**主要发达国家对外投资导致本国实体经济特别是制造业空心化**。这些国家资金过剩，劳动成本高企，促使越来越多的企业加快对外投资，或将产业转移到国外，导致本国大批制造业劳动力失业。五是**科技革命对经济全球化的内在逻辑具有放大效应**。特别是交通运输条件的改善与社会信息化迅猛发展，节省了交易时间，降低了交易成本，缩短了不平衡规律的作用周期。

基于上述，可得如下结论：其一，**"冷战"后经济全球化的迅猛发展没有所谓的成功者或失败者**。实际上，不管是发达国家还是发展中国家,都以不同方式、不同程度地从经济全球化中获益,没有绝对的失败者和成功者。其二,**美国等发达国家的制造业空心化原因在于自身**。恰恰是这些发达国家的发展水平、竞争机制、外部环境和政策导向相叠加,导致了制造业的空心化。其三,**新兴经济体的持续高速发展源于自身条件**。这些条件包括新兴经济体的地缘经济区位、基础设施、教育水平和政策理念等。其四,**将自身经济问题归咎于外部只是寻找"替罪羊"**。美国等发达国家把本国问题特别是制造业空心化归咎于全球化,甚至指责所谓的全球化受益者"抢夺饭碗",只不过是为了维护其"政治正确"、掩盖自身的体制弊端和政策失误的借口罢了。

四 未来全球经济治理的方向

如果说"冷战"后的经济全球化是通过市场经济体制促进世界范围内人类经济交往活动的迅猛发展,仍然属于经济全球化的粗放阶段;那么新一轮全球化即**经济全球化2.0则属于调整深化的全球化**,即"有规划的全球化""有管理的全球化"。

第一,**围绕合理均衡的可持续发展问题展开深度沟通**。未来宜利用二十国集团(G20)峰会或"一带一路"峰会平台,推动各国深入研究经济全球化发展的规律性,推动不同发展模式相互借鉴、取长补短,增强在新的历史条件下实现经济发展与社会进步的理论自觉,推进经济全球化2.0背景下的国际经济理论创新,为未来全球经济治理确立正确方向。

第二,**坚决反对经贸问题政治化**。世界经济是个大系统,个别国家推行狭隘的经济民族主义,难免冲击国际经济体系的正常运行,所以应对这些国家施加有效的约束。约束的办法是强化规划。可考虑对现有国际经贸规则进行审视,着眼实现世界经济的合理、均衡、可持续发展,完善国际经济规划体系,增强规划约束力，形成某种国际经济关系基本法则。尤其是制止以政治和意识形态为借口，破坏全球产业链安全性、完整性和国际贸易秩序的单边主义行为。

第三，**促进合理性和建设性的经济竞争**。探讨确立公平、公正、合理的标准和界限，明确哪些属于恶性竞争，哪些属于建设性竞争。需有效地抑制恶性竞争，可以考虑对进行恶意竞争的国家、企业和个人设立负面清单，推动形成经济竞争合理性与建设性的全球共识。

第四，**推动建立全球资本国际监管机制**。要对经济全球化的重要行为主体即企业施加有效的监督和管理。要在尊重市场机制、发挥好市场作用的基础上，把全球经济治理的重点转向角色监管与秩序维护。例如，我们应吸取经济全球化粗放阶段经济发展反而导致贫富差距拉大的教训，研究提出跨国投资的行为规范和税收安排，对资本力量在全球范围内特别是对发展中国家的变相掠夺实施有效的约束。

第五，**逐步形成科学有效的全球经济治理决策机制**。从实际出发，在推进全球经济治理的过程中，充分发扬民主，听取各类国家的意见与呼声。要从现实主义出发，研究根据对世界经济贡献的大小情况来确定各国在全球经济治理决策中的发言权和投票权，形成科学有效的全球经济治理决策机制，增强全球经济治理的有效性与可操作性。

（太和智库高级研究员　王在邦）

全球贸易自由化的趋势与中国对策

本文要点：随着全球化的进展，当今世界出现了贸易自由化的趋势，同时也存在着贸易保护的倾向。世界正在发生分化，一部分发达国家更加保守，一边推行保护主义和单边主义，一边推进经济结盟，试图制定新的游戏规则，继续掌握话语权。全球性的贸易自由化趋势有它自身的逻辑和力量，是不可阻挡的，还会沿着既定的路线前进。不过，由于各种原因导致了发达国家更加发达，不发达国家更不发达，这种倾向不利于全球贸易自由化，也不利于世界经济的发展和稳定。中国是全球贸易自由化的受益者，应该进一步推动全球化的进程，在世界经济中发挥更大的作用。

一　全球贸易自由化的发展趋势

20世纪80年代，伴随着以生命科学为主导的新的科学技术革命，以及此后"冷战"结束导致的国际关系的重组，加上电子通信和互联网技术的普及，为全球化提供了有力保障，中国的改革开放和快速发展为全球化浪潮注入了巨大的活力。从20世纪80年代至今，中国从人均GDP仅为200美元的最低收入国家跃升为接近1万美元的中上等收入国家，成了世界第二经济大国和第一贸易大国，对世界经济和贸易发挥着巨大的作用。**中国通过国际贸易和国际投资，带动了国内的经济发展，也为各国的发展提供了机会。**

中国既是全球化浪潮的受益者也是推动者，因此有必要努力维护这种方向和趋势。从世界发展的主流来看，全球化更有利于各国的发展，而不是相反。

全球贸易自由化是发展方向和大势所趋。自由贸易成本最小，收益最大。各国都在贸易自由化的进程中获得了好处，全世界国际贸易的增长率长期超过世界经济的增长率就是最好证明。

第二次世界大战以后，美国主导形成的"战后体制"，事实上决定了世界的格局。尽管"冷战"时期以苏联为首的社会主义阵营另起炉灶，在经济方面成立了"经互会"，与资本主义国家的"欧共体"相抗衡，但实力和影响都有局限。笔者将1950—1973年这段时期称为"资本主义的黄金时期"，因为这个时期主要资本主义国家的经济增长状况良好，特别是出现了日本这个新崛起的国家，加上联邦德国的快速恢复，都为这个阵营的发展注入了新的血液。社会主义阵营的发展也很快，其中苏联这个火车头发挥了重要作用。

从世界贸易的角度来看，"冷战"时期虽然不如"后冷战时期",但也不可小看。一方面,资本主义阵营经历了"黄金时期",阵营内部的贸易以及与外部的贸易都有长足的发展。这当中影响最大的就是欧洲向一体化方向的迈进,它日后成为区域经济一体化的样板。另一方面,社会主义阵营之间的贸易也促进了经济发展。特别是对于中国这样起步较晚的国家来说,苏联等国的援助和支持发挥了一定的作用。

20 世纪 80 年代以来,**中国通过改革和开放实现了快速的经济发展,不仅提高了本国人民的生活水平,也为世界经济和贸易注入了活力**。中国不仅积极参与了世界贸易,而且大力吸引外资,成为与美国并驾齐驱的外国投资对象国。加入 WTO 以后,中国进一步融入世界贸易体系当中,中国生产的物美价廉的商品源源不断地运往世界各国,各国的商品也伴随着外资的进入而大举进入中国,中国成了各国投资的首选地之一。随着中国经济的发展,中国企业对外投资也在快速增加,为其他国家的发展提供了资金和技术。

二 全球贸易自由化面临的难题

虽说**全球化给世界经济带来了巨大好处,但同时也产生了不少问题和弊端**,世界上存在不少不利于全球化的因素。在贸易自由化的过程中,世界在某种程度上正在分化成几个层级,它们之间的差距越拉越大,成为全球贸易自由化的阻碍力量。

当今世界各国的经济发展水平参差不齐,面临的问题多种多样,很多问题不是通过贸易自由化能解决的。

不过也不得不承认,**经济的全球化和贸易自由化趋势带来了世界经济的进一步分化,有些国家从中获得了极大的好处,有些国家则被抛弃在后面,跟不上时代潮流**。虽然这些国家的分化不能都归结为贸易自由化,但其中一部分问题的确与其有关。通常发展中国家出口初级产品，进口工业制成品。相比于工业产品来说，初级产品的价格较低，而且容易波动，如果没有一定程度的限制措施，发展中国家很难通过国际贸易实现经济发展，更多的情况是陷入"比较优势陷阱"当中。

可以粗略地将世界各国划分成三个梯队：第一梯队是处在高端的发达国家，第二梯队是中等收入国家，第三梯队是低收入国家。几十年来各个梯队的国家发生了很大变化，第一梯队并没有增加多少成员，第二梯队有了不少新的成员，第三梯队依然如旧。更重要的是，**与高收入国家（第一梯队）相比，第三梯队中的部分国家差距被拉大**，高收入国家的收入提高很多，第三梯队国家的收入提高很少。

这种国家之间的巨大差距严重影响了贸易自由化的进一步发展。首先，这种局面影响良性的国际分工。不发达国家容易陷入"比较优势陷阱"，不仅不利于本国的发展，由于缺乏购买力，也不利于工业国家商品的出口。其次，一部分发展中国家为了发展经济不得不设置高关税或其他贸易壁垒，这不仅保护了那些不求进取的本国企业，也影响了外国商品的进口，从而减少了世界贸易额。最后，一部分发达国家为了减轻来自新兴市场经济国家的冲击，倾向于实行贸易保护主义，不仅设置各种贸易壁垒，有时甚至威胁发动贸易战，例如此次中美贸易摩擦。

另一个难题是发达国家和新兴市场经济国家正在组成联盟，虽然这种联盟的形式多种多样，既包括初级的自由贸易协定（如北美自贸协定、跨太平洋伙伴关系协定，以及双边自贸协定），也包括中等程度的关税同盟和共同市场（如东盟），还包括更高一级的经济联盟（如欧盟）。这种结盟现象具有双刃剑性质：一方面，取消了协定国家或区域内部的关税壁垒等贸易壁垒，向着贸易自由化的方向前进了一步；另一方面，保留了对其他国家的贸易壁垒，形成了歧视性的贸易格局。

更值得关注的是近几年美国的动向,具体来说是美国的保守主义和单边主义倾向。它频频发动贸易战或贸易威胁,搅乱了国际贸易的基本格局,导致包括中国在内的很多国家以及世界贸易的损失。中美贸易摩擦绝不可能通过短期内的协商和谈判得到解决,因为它是结构性的矛盾,**只要中国与美国之间存在着较大的经济发展水平的差距,贸易问题就不会消失**。如果考虑到两国的制度差异问题就更加复杂。笔者认为中美贸易摩擦将具有长期性,与20世纪后半叶日本与美国的经贸关系高度相似,因此有必要对日本的反应进行认真的研究,总结经验和教训,找出我们的方策。

三 促进全球贸易自由化的对策

第一,**充分发挥联合国和其他国际组织的作用,协调各种资源,在能力允许的范围内对穷国进行援助和支援**。穷国在很大程度上拖累了富国和中等收入国家,造成富国的产品和服务过剩。如果穷国也能适当地发展起来,它们的购买力就会提高,富国和中等收入国家生产的产品和服务就扩大了市场。当然,穷国更多地需要自己努力解决本国的问题。我国提倡的"一带一路"正是这种国际合作的一种尝试。

第二,**在目前存在贸易壁垒的条件下,尽可能建立双边和多边的自由贸易协定**。例如,中国与东盟之间、中国与韩国之间的这种贸易协定都有利于打破贸易壁垒,向局部地区实现自由贸易方向努力。这也是推动全球贸易自由化的一种手段和过程。

第三,**贸易自由化是发展经济的良好条件,需要坚持**。如果各国都采取贸易保护主义,特别是发达国家设置很高的门槛,发展中国家就更难实现工业化和经济发展。初级产品不仅容易受到天气的影响,而且缺乏收入弹性,如果加上很多替代品,就更没有优势可言。就连农业也是美国等发达国家更具有优势,它们拥有农业的所有技术优势，而发展中国家则缺少这些技术。**中国在这方面可以做很多事，包括对落后国家进行农业技术的转移，也包括帮助它们管理企业**，而不是单纯的投资。

第四，**需要密切关注近些年来以美国为主导的多边自由贸易体系的重新整合的动向**。一个是在亚太地区搞的跨太平洋伙伴关系协定（TPP），另一个是在大西洋搞的跨大西洋贸易与投资伙伴关系协定（TTIP）。这两个协定如果全面成立，意味着世界范围内国际贸易的重新洗牌。就目前而言，TTIP还没有突破性进展，但不排除获得实质性的进步。TPP虽然已经成立，但由于美国的退出，事实上是个"瘸腿协定"，难以发挥重要作用。近期日本与欧盟、美国与欧盟都在加强合作，这种动向值得高度关注，我们**必须防止世界经济出现两大集团的对立形势**。

第五，**以中国为主导的新兴工业化国家，应该继续努力发展经济，加强团结**。同时积极开展与其他国家的经济贸易关系，扩大影响，推动贸易自由化，形成一种趋势，让那些主张贸易保护主义的国家难以占据上风，这需要实力，也需要努力。

第六，**我国自身的改革和开放依然是重中之重**。具体来说，首先**要进一步解放思想**，大胆吸收发达国家的先进经验，尽可能扩大市场的力量，减少政府的干预。其次，**积极培育优秀的民营企业**，目前我国像华为这样的民营企业太少，在国际上缺乏竞争力，在对外投资中占据不利地位，需要在所有领域培育出这种企业，这需要政府提供良好的市场环境。最后，**创新是未来中国发展的主线**，而创新主要是通过市场的竞争自发地产生，因此引导市场的良性发展是硬道理，也是防止陷入"中等收入陷阱"的正确选择。

（中国人民大学经济学院教授　关权）

全球价值链重塑与中日经济合作建议

本文要点： 加入国际分工体系、融入全球价值链，是东亚地区（包括中国）成长为世界经济中心的重要原因。然而，如今以"美国第一主义"、英国"脱欧"以及欧洲反移民运动为特征的反全球化潮流，对既有全球价值链体系形成重压，调整和重塑将成为未来发展趋势，这显然对深度融入该体系的中日两国形成严峻挑战。作为东亚生产网络的主导力量，中日经济关联紧密、互补特征显著，双方经济合作仍有极大潜力和广阔空间。这种新形势、新趋势对我国战略部署以及决策都构成新的考验。

一 东亚崛起得益于全球价值链构建

经济全球化、技术进步与模块化革命是国际产业分工加速的三大主因,其结果是形成了横跨世界各国的全球价值链体系,而该体系不断调整与优化过程带动了全球经济重心东移,成为推动东亚经济崛起的关键动力。

第一,**美国曾经是国际产业分工推手,也为全球价值链形成奠定了制度基础**。第二次世界大战后,产能过剩推动美国向国外转移劳动密集型产业,逐步形成了国际产业分工体系。与此同时,美国也利用其政治优势构建有利于这种国际化趋势的相关制度。1944年确立的布雷顿森林体系,不仅确立了美元国际货币与固定汇率制度,也打开了各国走向互惠开放的大门。1947年它又以关税和贸易总协定(GATT)取代英国特惠制,创建起以最惠国待遇为基础的多边贸易体系。

第二,**生产方式革命是全球价值链形成的关键动力**。模块化生产最具代表性,它分解了复杂生产而使之简单化。模块化先是在计算机产业迅速普及,让生产具有了"通用化"和"简单化"特征,成为"碎片化生产"在全球普及的必需条件。自20世纪90年代开始,模块化迅速向汽车等其他产业蔓延拓展,尤其以智能手机生产最为典型。

第三,**IT等技术进步加速了国际分工发展,推动全球价值链走向"全球制造"模式**。以半导体为例,半导体自身及生产技术的进步,推动该领域形成四次阶段性产业分工浪潮,最终形成了英特尔等专业设计公司与鸿海等专业化代工生产型企业等截然不同的企业体制。

第四,**全球价值链向东拓展、蔓延,东亚地区逐步成为全球生产制造的中心**。以东亚增长最快的中国为例,融入全球价值链是中国崛起的最关键因素。如1980年之前，中国GDP世界占比一直徘徊于1%以下，到1990年也仅为1.8%，2000年为3.5%。但加入WTO后则开始迅速攀升，2010年跃升至9.2%，2017年更是达15%。

第五，**深度融入全球价值链的东亚生产网络具有显著的产业分工特征**。与欧盟和北美自贸区相比，东亚区域内贸易呈现显著的中间品特征，印证了各国之间紧密的产业链关联；东亚对外形成了"出口最终消费品、进口中间品"的突出特征；东亚生产网络经历了所谓"雁型模式"发展特征，也为内部经济合作提供了发展空间。

二 全球价值链体系与逆全球化潮流

美国总统特朗普以对外关税战、对内降税的"组合拳"方式来破坏现有全球价值链，试图逼迫跨国公司"离开中国"。以此为背景，全球价值链体系将面临调整、重塑的巨大压力。

第一，**发达国家与新兴市场国家之间力量对比剧变，是西方世界不适应症的事实基础**。1980年，新兴市场国家全球GDP占比仅为23%，到2000年也不过为25%。但以中国加入WTO为转折点，新兴市场国家占比迅速提升，2017年已突破40%。其中，中国占比更是从3.6%骤增至15%。与此相反，美国则从30%降至25%，日本从14%降至6%。

第二，**西方思想界对经济全球化的认知不断深入和分化，形成欧美"撕裂社会"思想基础**。代表性观点包括：弗里德曼的《世界是平的》一书提出经济全球化、全球价值链以及技术进步极大改变了世界现状；皮凯蒂的《21世纪资本论》一书直接聚焦西方社会分裂问题，对资本主义发展路径和方向提出了严重质疑。这些声音虽未将矛头直指全球化，但显然对英国"脱欧"、"美国第一主义"以及欧洲反移民运动等社会思潮产生重要影响。

第三，从逆全球化角度来看，特朗普"美国第一主义"与英国"脱欧"、欧洲反移民运动等如出一辙，都对既有全球价值链体系提出严重质疑或挑战，共同汇成了西方反全球化的逆流。早在竞选期间，特朗普大肆宣称"中国人、墨西哥人抢走了我们的工作"，以此作为抨击现有全球价值链体系的手段，作为其拉选票的有力工具。

第四，**遏制中国正在美国国内各力量间形成某种"共识"**。表面上看，挥舞"关税大棒"的特朗普政府似乎完全逆转了前任奥巴马时期所采取的路线。但从"遏制中国"的战略意图来看，二者其实并不矛盾，只不过是奥巴马政府坚持全球化方向，试图以签署跨太平洋伙伴关系协定（TPP）的手段来"围堵"中国，而特朗普并不喜欢这种耗时费力的多边协调模式，于是擎起了单边主义大旗。

三 中日经济关系的价值链互补特征显著

从中间产品占比状况来看，中日经济关系的价值链互补特征较为突出。这既与日本对华投资及产业转移发挥重要作用相关，更是因为中国积极融入全球价值链而成为世界生产中心。

第一，**第二次世界大战后，中日经济关系经历了不断升级的发展过程**。1962年，中日创造性地建立起半官半民性质的贸易。改革开放后，中日又签署《长期贸易协定》，日方以对华政府开发援助项目（ODA）辅助推进。日本对华投资先是以转移过剩产能为主，接着是以低生产成本为目标，随后又变成开发中国市场为目的。如今，对华投资成为日企全球经营战略布局的重要一环，在华企业数量已达3.3万家。

第二，**日本对外直接投资对构建东亚生产网络发挥了重要作**

用。日本很早就开始对东南亚投资,"亚洲四小龙"以及东盟五国等都是其投资重点。对华投资则起步于中国改革开放之后。2001年中国加入 WTO 后,日本企业对中国战略定位发生根本性转变,掀起了对华投资热潮。

第三,**中日成为东亚生产网络的主导力量**。从经济总量及贸易规模来看,中国、日本、韩国、东盟构成东亚"四极体制",而世界经济总量排名第二和第三的中国与日本,成为东亚生产网的两大核心。中国和东盟扮演着"生产加工商"的角色,而日本和韩国则扮演着零部件"供应商"的角色。

第四,**产业升级仍在不断推升东亚生产分工的发展**。以往,日本国内产业升级,通过直接投资向外转移产能。在华以及东盟的跨国公司投资扩大也推进了技术进步,带动了产业升级,这些对东亚生产分工体系发展升级起到推动作用。

四 政策建议

特朗普确立了重塑全球价值链的战略目标,此举必然对融入全球价值链的国家产生影响,作为东亚生产网络"双核"的中日两国都会面临应对变局的巨大压力。在中日关系改善、回归正轨的大背景下,推进中日经济合作具有更大空间和可能性。

首先,**确立维护全球价值链符合中日共同利益的明确立场**。中日都深度融入了全球价值链体系,任何对现有体系的冲击都将影响两国利益。中国通过改革开放创建起开放型市场体系,成为全球最大贸易国,对外投资仅次于美日成为世界第三。作为亚洲唯一发达工业国的日本一直积极致力于国际化道路,海外投资规模居世界第二,企业形成了销售和生产等"两头在外"的经营布局。因此,维护现有全球价值链体系显然符合两国切身利益。

其次，**响应日本为维护多边贸易体系而采取的对华协调方针**。最近，日本多边贸易战略取得突破进展，如引领全面与进步跨太平洋伙伴关系协定（CPTPP）签署生效，与欧盟达成了日欧经济伙伴关系协定（EPA）。基于紧密关联、互补特征显著的中日经济关系，日本将继续推进多边框架下的对华协调方针。双边贸易规模不断创新高并呈高附加值化；中国继续是日本企业海外投资的第一意愿国；伴随中国经济转型与结构升级，将带来更多机遇和更大空间。对此，中方积极应对显然也有利于自身发展。

再次，**抓住国际环境及技术进步等因素，积极挖掘中日经济的合作潜力，拓展合作空间**。第一届"中日第三市场合作论坛"签署了基础设施、金融等52项合作协议，这说明两国经济合作具有空间和潜力。一是中日贸易仍有拓展空间，具有转型升级可能，特别是在中美贸易博弈的背景下，日本替代美国进口的可能性加大；二是中日服务贸易发展方兴未艾、合作空间广阔，这是中日两国的共同"短板"，拓展服务贸易将有利于双方利益；三是在技术创新和人才领域两国合作潜力巨大，中日两国技术优势各不相同，这种优势差异可为两国合作提供更多可能；四是两国面临诸多人类发展共同课题，可联手应对联合国可持续发展目标。

最后，**以政治智慧来破解中日经济合作中的课题与挑战**。其一，中日两国关系虽已回归正轨，但历史问题、台湾问题及领土争端等矛盾难以彻底化解，两国政府对突发事件进行全时、全方位管控也有一定难度。另外，人文交流及国民相互认知方面双方也缺乏互信，加之安倍政权今后可能继续推进修宪也会带来不稳定性和不确定性。其二，国际形势风云变幻、世界格局动荡加剧，加大了两国推进经济合作的风险。如美国制裁华为，日本电信公司NTT宣布不使用华为5G产品就是担心"可能失去美国政府及大企业的订单"。其三，营商环境问题是两国的共同课题，一方面，在华日企对中国深化改革寄予极大期待，并提出诸多建议；

另一方面，中国对日投资已起步，但日本社会显然缺乏对中资企业的了解与信任。其四，中日对数字贸易等新领域认知及解决路线存在较大差异，跨国交易规则缺位。即便是第三方合作方面，也存在经营方针不同、主导权之争等考验。

（南开大学日本研究院副院长、教授　张玉来）

新一轮东亚区域分工调整与中国对策

本文要点：东亚区域分工近年来走上了新一轮结构性调整之路：东盟替代中国成为新的世界组装工厂，中国则因为结构升级和在全球价值链上的地位攀升，成为东亚地区新的消费中心和具有高附加值的产品制造中心。基于打造稳定周边安全环境的战略考虑，中国有义务也有能力承担起引领区域分工调整和地区合作的责任。中国可以通过"一带一路"建设与东亚区域分工重构有效对接，提升东盟与中日韩宏观经济办公室的职能，推动区域制度性合作和功能性合作并行发展，形成与其他国家的结构联动升级和经济协同发展，最终实现亚洲各国经济的包容性增长。

一 东盟替代中国成为新的"世界组装工厂"

2008年爆发的国际金融危机对以中国为组装中心的东亚生产网络造成严重冲击。危机后世界经济的不确定性发展和国际秩序的重构,深刻影响着东亚地区的分工格局。传统的区域生产网络正慢慢瓦解,东亚经济再平衡调整的同时,区域分工结构也随之发生变化,总的趋势是生产集聚从中国向东南亚转移。

第一,**中国劳动密集型外商直接投资(FDI)数量在减少的同时,撤资有所增加**。金融危机以来,中国吸引FDI稳步上升,从2010年的1088亿美元升至2017年的1310亿美元。但FDI规模增长的表象却掩盖了一个重要问题,即FDI来源地结构的变化。在中国吸引的外资中,中国香港特区占比一直超过60%,如果不算香港特区,**主要外资来源地对中国的投资自2012年以来呈下降趋势**。2012—2017年,除香港特区外的前九大投资国(地区)对中国的直接投资从260亿美元下降至216亿美元,下降幅度达到16.9%。日本的下降尤为明显,从2012年的73.52亿美元持续降至2017年的32.61亿美元,降幅高达55.6%。

制造业FDI数量减少,但第三产业FDI数量持续增加。根据国家统计局公布的数据,2010—2017年我国制造业吸引的FDI从496亿美元降至335亿美元,减少了32.5%;相反,服务业吸引的FDI则从514亿美元大幅提高至916亿美元,增长了78.2%。

制造业领域外资减少的同时,还出现了外企撤离的趋势。以日本为例,**2010年以来日本在华企业撤退数量逐年上升**,2010年、2013年和2014年分别为232家、780家、798家,占日本跨国公司据点转移总额的比重分别为16.4%、26.3%和27.8%,其中一部分转移到东盟国家,一小部分回流到日本。**从撤资的行业**

看，**主要发生在劳动密集型制造业**，平均撤资率为 3.73%，高于全球平均的 2.04%，其中撤资率超过 5% 的食品加工业、纤维业以及煤炭业这三种行业均属于低技术劳动密集型行业。在资本密集型制造业和第三产业的平均撤资率分别为 2.35% 和 3.09%，与世界平均值差距不大。劳动密集型行业尤其是低技术劳动密集型行业的撤资主要源于工资的上涨，是外企对我国宏观经济变化自然的能动反应。

第二，**东南亚国家正在成为新的生产组装中心**。2012 年中国吸引 FDI 数量为 1117 亿美元，而东盟达到 1164 亿美元，21 世纪以来首次超过中国。在外资来源地中，日本的投资区域变化是最大的，2012 年日本对中国的直接投资还高于对东盟的投资，但此后情况发生急剧变化，2013—2016 年这四年，日本对东盟五国（泰国、印度尼西亚、菲律宾、马来西亚、越南）的直接投资比对中国的直接投资分别高出 108 亿、33 亿、30 亿和 39 亿美元。如果比较 2000 年以来中国和越南在制造业领域吸引外资的情况，变化更加明显。**2010 年是中国制造业吸引外资发生转折的元年，此后一路下滑**，2017 年降至 335 亿美元，比 2010 年下降了 35.7%。与中国相反，**越南作为一个新兴的制造业大国开始受到国际资本的关注，吸引的 FDI 也一路走高**，从 2010 年的 60 亿美元增加至 2017 年的 164 亿美元，提升了 173%。虽然两国制造业吸引 FDI 的绝对量还有较大差距，但这一差距正在缩小。

东南亚地区成为新的组装中心还表现为中间产品区域内贸易向东盟的转移和聚集。2007 年中国和东盟在东亚区域内中间产品出口中的占比基本持平，分别为 27.4% 和 27.8%，国际金融危机之后，中国占比基本保持不变，但东盟占比持续提高，2016 年达到 31.9%，特别是越南的占比从 2007 年的 3.4% 大幅提升至 2016 年的 6.3%。这说明，近年来东盟国家正在重新得到跨国公司的青睐，生产网络有向该地区集聚的趋势。

二 中国在东亚生产网络重构进程中的角色转变

随着国内产业结构升级及经济再平衡调整的不断推进，中国参与东亚生产网络的特点也逐渐发生变化。

第一，**从全球组装中心向全球制造中心的转变**。在作为全球组装中心的地位日趋下降的同时，中国正在从一个以低附加值生产为主的制造大国向以高附加值生产为主的制造强国转变。虽然近年来我国的制造业 FDI 呈总体下降趋势，但**高新技术领域 FDI 持续上升**，2015—2017 年分别增长 8.45%、2.97% 和 7.6%。同时，**中国在东亚地区生产价值链上的地位不断前移**。价值链地位的提升主要源于我国创新能力的加强。2014 年中国的研发投入强度达到 2.05%，超过了大多数发达国家。不断提升的自主创新能力对于中国在东亚区域分工重构过程中的角色转换形成了重要支撑。这一变化可以从中国对东亚地区的产品出口结构的升级体现出来。2001—2015 年中国对东亚出口的中间产品占比从 34.2% 大幅提高至 51.4%，表明中国参与东亚生产网络正在不断走向深入。

第二，**从区域生产中心向区域（全球）消费中心的转变**。**中国经济增长模式正经历着从投资和出口拉动型向消费拉动型的深刻结构转变**，这一转变使得中国正在成为继美国和日本之后又一个重要的地区乃至全球最终消费品市场。近年来，在我国进口贸易结构中，中间产品占比不断下降，而最终消费品占比持续上升。**2017 年中国超越美国，成为世界最大的消费市场**。如果比较中、美、日三国在吸收东亚最终消费品出口中的地位变化，我们可以发现：21 世纪初美国吸收了东亚经济体 30% 以上的出口，日本约占 15%，而中国占比不足 3%；而 2016 年，中国占比达到 6%，美、日份额分别降至 21% 和 9.6%。尽管中国与美、日相比仍存在明显差距，但缺口正在迅速缩小。

三 政策建议

面对区域分工调整带来的冲击,要平稳实现我国在新的区域分工中的角色转型,需前瞻性地在对内对外政策方面做好准备。

第一,**外交理念与国家定位**。要始终坚持和贯彻"打造一个稳定的周边安全环境是中国和平崛起的首要条件"的对外关系准则,而其中很重要的一点是需要突破传统的政治与军事安全观,**把经济安全置于发展周边关系的重要地位**。当前东亚区域分工正处于关键的历史转折时期,在这一转型进程中能否实现东亚各国经济的健康和联动发展,对该地区的和平稳定将起到基础性的决定作用。作为亚洲区域分工的受益者和当前分工重构的主要源头,中国有义务也有能力承担起引领区域分工调整和地区合作的责任,与邻国一道构建互惠共生、合作共赢的区域发展新格局。

第二,**发展方向与角色转变**。在当前发生的东亚区域分工重构进程中,**中国的角色正从"亚洲组装工厂"朝着"亚洲制造中心+亚洲消费中心"的方向进行升级转变**。中国的转型升级势必对域内其他国家产生一定冲击,由此中国必须在自身发展的同时,深刻把握对其他国家经济的外溢效应及影响渠道,及时引导国家间协调,以此形成与其他国家的产业结构联动升级,从而最终实现亚洲各国经济的包容性增长。

第三,**政策选择与重点任务**。一是**积极加强与东亚各国的经济合作**。要尽力创造条件让东亚各国参与中国经济增长和转型升级过程,并获得更多实惠。中国倡导的"一带一路"建设为东亚区域分工与合作提供了新的机遇和广阔空间。**应以"海上丝绸之路"为平台不断深化中国与东盟的经贸合作**,同时以东盟为重点,不断加强中国与日本、韩国的第三方合作,以此推动东亚朝着经济共同体的方向稳步发展。

二是**推动扩大并提升东盟与中日韩宏观经济办公室（AMRO）的职能**。设立AMRO的最初目的是通过组织区域性经济监测和支持落实区域性金融安排，来保障区域内经济和金融稳定，但目前其功能还比较单一，各国的重视程度也不够。当前国际格局的深刻变化为扩大和提升AMRO的职能创造了良机：一方面，美国特朗普政府在全球到处树敌，东亚各国受到较大影响，因此都有较强的意愿选择加强区域合作；另一方面，中国经济对东亚各国经济的影响越来越大，东亚各国普遍存在经济上既离不开中国，又担心受制于中国的疑虑。**对中国而言，当前对外面临的最大问题是美国的挤压**。在这种情况下，积极推动扩大和提升AMRO的功能，在更紧密的制度框架下讨论区域分工重构对各国的挑战并协调各国间的政策选择，无疑是打消各国疑虑的最优方案，同时也为我国应对美国冲击提供坚实有力的缓冲。

三是**推动东亚地区的制度性合作和功能性合作并行发展**。努力推动区域全面经济伙伴关系（RCEP）谈判早日完成，**推进东亚地区大市场的发展**，以此消解特朗普贸易保护主义的负面冲击，为东亚走向更加坚实、平衡、可持续的区域经济增长创造良好的条件。继续务实推动金融、贸易和投资领域的功能性合作。通过不断提高贸易便利化水平，降低贸易交易成本，以此扩大各国参与区域分工的红利，增强各国推进区域合作的动力。

（辽宁大学国际关系学院院长、教授　刘洪钟）

贸易保护主义的嬗变及其对世界经济秩序的影响

本文要点：第二次世界大战结束后，美英两国政府提出建立《关税与贸易总协定》（GATT）。作为一种由美国霸权提供的国际公共产品，GATT从根本上说，是为市场经济国家设计的一整套国际经贸制度和原则，反映的是"最强大成员的意志和利益"。21世纪以来，新兴经济体的兴起、贸易摩擦的加剧以及逆全球化趋势的深入，使国际经济秩序开始出现重构的趋势。以中国为代表的新兴经济体在全球经济中地位的提升成为全球经济治理结构变迁的转折点和催化剂，中国应该从多样化渠道参与国际经济秩序的建构。

贸易保护主义的嬗变及其对世界经济秩序的影响

当前，新兴市场国家和发展中国家经济占全球经济总量的比重已超过发达经济体，如何使全球治理体系更好地反映国际经济力量对比新格局，是构建更加公正合理的国际政治经济新秩序的必然要求。

一 贸易保护主义的发展态势

多边贸易体制最早起源于17世纪后期的英国。第二次世界大战结束后，美国拥有了强大的政治与经济影响力，从美国的角度看，应构筑以GATT为代表的国际贸易体制以确保国际贸易的畅通。GATT从根本上说，是为当时所谓的市场经济制度国家设计的一整套以最惠国待遇为基础的多边国际贸易体系。它作为战后国际经济秩序的三大支柱之一，在调节国际经贸关系方面发挥了一定的作用。但作为由美国霸权提供的国际公共产品，**GATT自成立之初就被深深打上了美国烙印。**

20世纪70年代以后，资本主义市场的狭隘性使发达资本主义国家间的贸易进入了一个严重摩擦的时期。**1971年美国出现了多年以来的首次贸易逆差。**同年8月，尼克松政府宣布实行"新经济政策"，停止外国中央银行以美元兑换黄金并对进口货物征收10%的进口附加税。同年年底美元贬值。1973年布雷顿森林体系崩溃的有关原因正是相关国家的贸易保护政策有所抬头。

20世纪80年代以后，贸易保护主义开始从美国抬头并波及其他发达国家。随着日本经济实力的恢复与增强，20世纪50年代以后，美日之间贸易摩擦频发，出于对霸权国美国的政治慑服，日本受到了以美国为主导的国际经济秩序的结构性制约。

随着美国贸易逆差的不断增加、其他国家的崛起并在一定程度上对其经济霸权形成了挑战，美国开始采取措施限制与其他国家的自由贸易。20世纪60年代中期以后，国内利益团体的兴起和游说增添了美国贸易政策形成中的政治色彩，贸易政策从以往的支持自由贸易向贸易保护转变。1978年美国国会改革后，权力的分散化更是为利益集团推行保护主义政策提供了条件。

在上述背景下，美国通过在贸易结构体系内的自由裁量权，陆续提出了一些表面合理但实质是贸易保护新手法的政策理念以适应其国家利益保护的新需求，这在关贸总协定及作为其继任者的WTO体制内均有大量的体现。同时，随着国内外政治与经济形势发展的需要，当多边规则与美国的利益需求之间发生冲突的时候，美国试图绕开WTO规则而使用国内法来处理与美有关的国际贸易和投资事务。**以《1988年综合贸易与竞争法》为标志，美国的贸易政策实现了从自由贸易政策向保护主义政策的转变**。特朗普就任美国总统后采取的一系列贸易措施，更是使全球贸易关系一时剑拔弩张。

国际公共产品被霸权国家"私物化"有其必然性。自20世纪70年代以来，美国的公共产品"私物化"与推卸责任的趋势日益明显，这使得它不能再像布雷顿森林体系鼎盛时期那样提供一个稳定的多边自由贸易体制。不可否认，以布雷顿森林体系为核心的国际金融体系和以关贸总协定为核心的国际贸易体系为世界经济的发展做出了一定的贡献，但与此同时，美国也最大化利用自己所建立的国际自由贸易制度，**将国际公共产品的提供变成为其自身获取国际战略利益的工具**。

而在全球范围内，贸易保护主义与全球经济增长呈现出一定的相关性。当全球经济增长较快时，贸易保护整体处于低发期，反之则相反。2008年国际金融危机后，20国集团国家实施的保护主义措施所占的比例呈现上升趋势。2009年，20国集团国家实施的保护主义措施占全球的比例为60%，2011年上升至75%，到2012年上半年这一比例已超过80%，可见**20国集团国家成了全球贸易保护主义措施的主要实施者**。

二 贸易保护主义对国际经济秩序的影响

第一,**国际分工模式的转变是贸易保护主义产生的源头**。国际贸易的基础是国际分工。进入21世纪以来,国际分工的区位构成发生了非常明显的变化,尽管发达国家仍然在分工体系中占有主导地位,但发展中国家已进入国际分工体系中的较深阶段,进口方面所占比重甚至超过发达国家。当一国生产力水平非常落后时,其工业化贸易伙伴国将从它生产力发展所带来的生产率普遍提高中受益;但当落后国生产力进步超过某一状态时,会降低他国的整体福利,导致贸易国之间的利益重新分配,从而引发冲突和贸易保护政策。由此,导致了世界经济中的一个奇怪现象:**发展中国家走向自由贸易,发达国家却走向贸易保护**,发达国家之间的激烈竞争反弹回来使发展中国家深受其害。

第二,**"逆全球化"进一步推高了贸易保护主义**。"逆全球化"是指与经济全球化相背、国际合作和相互依赖逐渐消减的全球性发展趋势。从数据上看,经济全球化逆转的可能性正在增加。全球需求萎缩和增长低迷导致全球存量市场资源进一步收缩。从经济全球化的主要内容及制度内涵看,贸易和投资自由化的快速发展是前一轮经济全球化的主要内容,当前的"逆全球化"可以从贸易利益分配等角度进行观察。在2008年国际金融危机冲击之后,全球贸易保护主义有明显抬头并呈愈演愈烈之势。

第三,**新兴经济体的崛起使世界经济力量格局发生变化,它们反对贸易保护主义,并产生了对国际经济秩序进行改革的意愿**。在当前国际形势下,WTO是国际经济秩序治理中重要的"稳定器",为促进全球资源自由流动发挥了无可替代的作用。但美国却带头反对这一多边机制,对WTO改革提出了"颠覆性"的方案,力图在WTO体系中实现"对等贸易",试图将国际经贸规则的调整引到对自身更加有利的方向。WTO副总干事沃尔夫认为，WTO已经显示出了作为一个多边贸易规则谈判场所的无能为力：面对史无前例的贸易摩擦，WTO未能阻止也无法解决；面对单边主义、保护主义，WTO也难以进行有效的制约。

三　国际经济秩序变革的中国参与

2008年以来，世界经济经历深刻调整，贸易民族主义、单边主义和保护主义冲击多边贸易体制。世界经济与政治进入大调整时期，**传统国际经济秩序面临重构**。此外，随着第四次工业革命的到来，世界各国都将迎来一场深刻的系统性变革。国际经济秩序的变革已经成为影响世界经济走向和大国博弈的重要议题。

新兴经济体目前在世界产业分布、价值链投资等重要领域的占比显著提升，新兴经济体的总体经济实力是其具备影响力的保障。以中国为代表的新兴经济体在全球经济中地位的提升已经成为全球经济治理结构变迁的转折点和催化剂，中国参与国际经济秩序建构的渠道是多样化的。

第一，**积极参与传统国际机制的改革**。不可否认，美国在提供国际公共产品的问题上起到了一定的积极作用，但是霸权国供给模式也存在公共产品的"私物化"的问题。经过70余年的发展，世界经济发生了翻天覆地的变化，原有的以WTO、国际货币基金组织为代表的传统国际经济运行模式已经不能满足当今的世界经济发展趋势的内在要求，特别是在防范各种金融风险、减少贸易障碍、减少多国协调的交易成本或达成关于优先议程的共识等问题上，**提供有针对性、小型化的国际公共产品可能更加符合国际社会的需求**。中国正在从经贸领域的公共产品入手，向国际社会提供富有中国特色的区域性制度安排。

第二，**对传统国际机制进行有益补充**。随着发展中国家的群体性崛起和发达经济体总体实力的相对下降，世界经济格局发生了显著变化。在WTO谈判中，中国、巴西、印度、南非逐渐成为发展中国家的领导者和发展议程的设置者，**金砖国家作为发展中国家参与全球治理的典范，可以在西方国家创设的国际机制中为发展中国家争取权益**。通过金砖国家新开发银行这个平台，金砖国家可以对全球基础设施融资、发展援助、国际金融体系改革等问题产生更大的影响。亚洲基础设施投资银行以及拟将建立的上合组织开发银行，是对传统国际金融机构的有益补充。

第三，**"一带一路"倡议是促进多边贸易的重要平台**。自2008年国际金融危机以后，世界经济增长乏力，区域经济一体化和贸易协定"碎片化"趋势同步增强，各国面临的发展问题严峻，美国也迅速转向了贸易保护主义。为此，"一带一路"倡议可以弥补沿线国家基础设施的短板，解决发展资金不足的问题，**引导沿线国家积极参与到多边贸易建设中**，提高贸易能力，实现世界经济整体的持续健康发展。

（复旦大学国际关系与公共事务学院教授　黄河）

中国应对CPTPP生效的策略

本文要点：CPTPP于2018年年底正式生效，一个包含亚太11个国家的高标准区域贸易协定进入实施。同时，针对哥伦比亚、印度尼西亚、韩国等国的加入意愿，CPTPP首届部长级会议于2019年1月19日讨论了协定未来的扩容问题。CPTPP在对中国的经济影响上，挑战大于机遇，分析结果发现CPTPP在短期内不会损害中国的经济利益，反而在一定程度上有利于小幅提升中国的社会福利、GDP、制造业就业和进出口贸易。中国在应对策略上，一方面要积极应对，预防不利的影响；另一方面应积极和尽早加入CPTPP，且宜早不宜迟，争取在协定的第一轮扩容中就可以参与。

一 CPTPP 的生效和扩容

全面与进步跨太平洋伙伴关系协定（CPTPP）于 2018 年 12 月 30 日正式生效。CPTPP 是美国退出 TPP 后，其他成员经过谈判而建立的区域贸易协定，包含了亚太地区的日本、加拿大、澳大利亚、智利、新西兰、新加坡、文莱、马来西亚、越南、墨西哥和秘鲁这 11 个国家。主要条款有：货物的国民待遇和市场准入、原产地规则和程序、纺织品和服装、海关管理和贸易便利化、贸易救济、卫生和植物卫生措施、技术性贸易壁垒、投资、跨境服务贸易、金融服务、商务人员临时入境、电信、电子商务、政府采购、竞争政策、知识产权、环境、透明度和反腐败等。

CPTPP 覆盖了 5 亿人口的市场，拥有 3560 亿美元的贸易额，2017 年经济规模占世界总量的 13.5%，目前是仅次于欧盟和美墨加贸易协定（USMCA）的世界第三大区域贸易协定。虽然美国的退出让 CPTPP 的影响力锐减，但一个横跨亚太 11 个经济体的高标准区域贸易协定，对世界经济的影响不容小觑。

CPTPP 继承了 TPP 的条款，是一个高标准的自由贸易协定，包含了多个首次写进贸易条约的条款，如环保、劳工、数据流通、国有企业等，将大幅度提升区域贸易自由化的水平，可能会成为新一轮国际经贸规则的引领者。

在 CPTPP 的扩容发展上，哥伦比亚、印度尼西亚、泰国、菲律宾、韩国以及斯里兰卡等国家均表示有兴趣加入协定。英国表示"脱欧"之后将考虑加入，欧盟也宣称将维持与其长时间的合作互利关系。美国表示未来有可能考虑重新加入 CPTPP。

2019 年 1 月 19 日，CPTPP 的首届部长级会议在日本东京召开，主要讨论了其他国家加入的扩容问题，包括新会员入会程序、议长国的轮流顺序和成员间纠纷处理程序等。有关消息显示，会议也制定了新会员加入办法,将设立工作小组,如有国家提出加入申请,先经过工作小组磋商,最终在委员会进行表决,且必须取得所有成员国的同意才能加入协定。

二 CPTPP的实施对中国经济的影响

CPTPP对中国来说既是机遇更是挑战,并且挑战大于机遇。机遇方面:一是CPTPP**推动了区域贸易自由化,一定程度上有利于全球贸易的一体化**,进而带来贸易协定的"溢出效应";加上协定中一些成员与中国已经建立有贸易协定,各种贸易协定的"面条碗"效应将在一定程度上惠及中国。二是CPTPP**也为中国带来了可以参与的机遇**,进而分享协定的贸易自由化收益,并且有利于扩大中国的进一步对外开放。三是**协定为中国推动区域贸易协定建设提供了经验**。

挑战方面主要包括:第一,**协定的排他效应和竞争效应带来挑战**。中国身处CPTPP之外,区域贸易协定的排他性和竞争性必然将在一定程度上对非协定成员的中国形成贸易替代效应,故而影响中国的进出口贸易、产业发展与就业以及经济增长。

第二,**CPTPP的新规则给中国经济带来挑战**。协定条款的高标准以及对中国不利的一些新规则会负面影响中国经济。这些规则包括:一是**CPTPP的环境保护和劳工条款**。协定规定了严苛的标准,会对中国相关产业的发展带来负面影响;同时中国出口产品会因为劳工和环境保护条款而面临更多贸易纠纷和诉讼,容易引发贸易摩擦。二是**政府采购条款**。由于中国尚未加入WTO的政府采购协议,协定成员就可能会通过要求对等和无歧视原则而将中国排除在它们的政府采购之外。三是**国有企业的条款**。例如竞争中性原则等都可能会成为协定成员的新贸易壁垒,限制国有企业的海外投资并启动审查制度等,损害中国的经济利益。

第三，协定可能会影响其成员洽谈其他贸易协定的积极性。例如CPTPP的生效可能会在一定程度上影响日本参与谈判区域全面经济伙伴关系协定（RCEP）以及中日韩自贸区的积极性。

第四，影响中国在国际经贸新规则制定中的话语权。

进一步从量化角度分析CPTPP的短期经济影响来看，CPTPP在短期内不会损害中国的经济利益，反而在一定程度上有利于小幅提升中国的社会福利、GDP、制造业就业和进出口贸易。可能的原因有两个方面，一是中国对现有CPTPP成员国的贸易依赖程度弱，贸易协定对中国的排他性效应小，反而区域贸易自由化带来的贸易创造效应较大；二是中国与不少现有CPTPP成员国建立有双边或区域贸易协定，一定程度上抵消了CPTPP的不利影响。

三 中国应该考虑尽快加入CPTPP

对于中国是否应该加入CPTPP的讨论一直是一个热点话题。从不利的角度来看，第一，CPTPP目前由日本主导，中国如果宣布参与是否能够得到多数成员的支持犹未可知，甚至美国都有可能会出面阻挠；第二，即使中国宣布参与，协定谈判的过程恐怕不会简单，尤其是其中的国有企业、知识产权等条款，达成一致并不容易；第三，中国目前正在推动RCEP和中日韩自贸区等建设，如果RCEP能够建成，参与CPTPP的价值就会打折扣。

从有利的角度上，一是可以获得区域贸易协定的贸易创造和贸易转移效应，规避CPTPP带来的不利影响，包括区域贸易协定的排他效应和新规则的影响等。二是有利于参与新规则的制定并提出中国的诉求，倒逼国内的进一步改革和扩大开放，提升竞争力。三是有利于中国的对外自贸区建设，构建高标准的自贸区网络；也有利于RCEP和中日韩自贸区的谈判，未来可以将CPTPP和RCEP的两条亚太一体化路径相结合，推动亚太自贸区的发展。

四是有利于缓解中美贸易摩擦的不利影响，获得更多的外部市场和更大的自贸区"朋友圈"。

权衡利弊两方面分析，中国加入CPTPP的不利因素多为不确定的软约束，而有利的因素基本都是确定可期的，而且整体明显利大于弊。进一步使用大型一般均衡数值模型系统量化模拟中国加入CPTPP的经济效应。结果发现中国加入CPTPP的整体收益都会增加。

事实上，中国加入CPTPP具有可行性和可操作性。第一，CPTPP已经开启扩容协商和谈判，多个国家表达了加入协定的兴趣，中国可以趁此契机，"搭便车"共同加入扩容的谈判。第二，CPTPP的成员国中，澳大利亚和新西兰都曾提出希望中国加入协定以填补美国的空白，说明中国的参与已具备较好的基础。第三，当前的CPTPP条款标准低于TPP，中国更容易接受。第四，如果中国选择参与CPTPP，则宜早不宜迟。等到更多的国家加入协定，按照现有的加盟需得到所有成员同意的规则，谈判的难度会进一步增加；而如果未来美国选择加入，中国就会处于被动的局面。

四　中国的启示与对策

CPTPP的生效对中国自贸区建设具有启示和借鉴价值。其一，**CPTPP能够在较短的时间内达成一致，降低协定的开放标准功不可没**。其二，**协定生效条款要可行而适度**。

面对CPTPP的生效，中国的政策选择整体上要从两个方面着手。一方面要积极应对，抓住机遇，谨防挑战；另一方面，积极考虑拥抱CPTPP。

第一，**关注CPTPP的进展和可能的不利影响**。CPTPP的进一步扩容已经启动，要密切关注新进展，并尽快做出中国的选择。另外要预防CPTPP的生效对RCEP和中日韩自贸区建设带来的挑战，协定扩容所带来的挑战，以及国际经贸新规则的实施和发展带来的挑战。

第二，**加快中国的对外自贸区建设步伐**。RCEP、中日韩自贸区、中国—海合会自贸区以及其他重要双边自贸区谈判要加快进程，借鉴 CPTPP 的谈判，构建高标准的自贸区网络，扩大贸易协定"朋友圈"的范围，应对 CPTPP 的潜在不利影响。

第三，**加大对 CPTPP 规则、国际经贸新规则的研究**。既要防范新规则的影响，也要探求符合中国经济发展的新规则，并主动构建有利于中国和世界经济共同发展的规则，引领规则的制定，共建人类命运共同体的新规则。

第四，**企业层面要加强分析，未雨绸缪**，预防在对外贸易和海外投资中可能的不利影响，并积极制定应对政策。

第五，**中国应该积极和尽早地加入 CPTPP**。当前全球贸易体系处于大变革时期，WTO 面临改革和冲击，美、欧、日等发达经济体正在加快构建贸易协定体系，中美贸易摩擦进入深度博弈，在这样的背景下如果中国加入 CPTPP、融入国际经贸新规则的体系、分享区域贸易协定的收益，即使可能会面临一定的压力和阻力，但从短期经济收益和长期开放的需求来看，都是一个明智的选择。

（中国农业大学经济管理学院教授　李春顶）

如何认识欧洲安全周期律

本文要点：欧洲安全形势百年来始终起伏不定，和平与战争相互轮换、稳定与动荡持续交替，这种历史循环构成了欧洲安全周期律。为打破这一安全周期律，欧洲各国做了大量尝试，包括建构国际或区域安全机制、以共同价值观消解国家间矛盾、构建欧洲安全建构理论等，但这些方式未能找到欧洲战乱与动荡的根源，因此无法建立恒久的安全秩序。从当前欧洲形势所见，欧洲应跳出民族国家思维框架及各自为政的局限，以合作与对话代替竞争与对抗，放弃"冷战"思维与单边主义，从更宏大和长远角度推动欧洲安全建设，建立大一统的安全架构。

一 欧洲安全周期律的基本表现

历史周期律是指历史上政权兴衰治乱的周期性现象，全世界每个国家都有各自的历史周期律。欧洲作为多个民族国家的集合体，同样有其历史周期律，即**欧洲安全形势从有序进入相对无序、再从无序转向有序的周期性变化，且其社会发展与演变深受这一周期律影响**。从第一次世界大战至今，欧洲安全形势起伏变化很大，既有纵向的长时段跨度，也有横向的多方关联，但**始终无法摆脱战争或和平、安定或混乱这种历史循环**。

（一）欧洲安全周期律的基本表现

第一，欧洲安全一直处于战争与和平交替之间。现代历史开端后，欧洲列强相互角逐、激烈竞争，最终导致第一次世界大战爆发。在4年战争劫难后，英、法等国确立了以凡尔赛体系为核心的欧洲安全秩序，虽然该体系存在不合理之处，但欧洲和平秩序得以建立。在德、意法西斯崛起后，欧洲和平再次遭到破坏，第二次世界大战爆发。随着战后两极"冷战"体系确立，美苏展开全面竞争，分别建立了北约与华约等军事组织，在欧洲实施军事对峙。由于受制于从和平到战争的循环反复，欧洲付出了沉重代价。

第二，即使在和平状态，欧洲也一直在稳定与动荡的轮换中摇摆不定。虽然英、法等国在第一次世界大战后努力恢复了欧洲和平，但由于既缺乏维系欧洲稳定的力量，又缺乏有效的政策、手段以及路径，最终导致欧洲出现短时稳定与长时动荡的循环交替。第二次世界大战后，欧洲和平得以长时间维持，少有局部战争，但安全形势却并不平静，先后爆发了"柏林危机""布拉格之春"等事件。第二次世界大战后欧洲安全始终徘徊于长时稳定与短时动荡之间。总体而言，欧洲动荡与稳定相互交替的循环状态从未改变。

（二）欧洲破解安全周期律的百年尝试

首先，**欧洲试图通过建构国际或区域安全机制来化解国家之间的矛盾，以此缔造和平**。从第一次世界大战后的"凡尔赛条约"到第二次世界大战后的"北大西洋公约"，欧洲在安全机制建构上进行了多次尝试。这些安全机制虽立意宏大，但实效却难尽如人意，**不能从根本上解决欧洲安全问题**。安全机制并非体现了民主与自由精神，就能够消除国家间的分歧。因为这些安全机制只是为建构欧洲和平秩序提供了许多话语，并未真正找到欧洲战和循环的根源；它们更多地着眼于解决某些现实性安全危机，而不是寻找解决欧洲困局的长久之策；这些条约带有意识形态色彩、政治功利与国家利益的偏向，这就注定无法建立真正行之有效的欧洲安全机制。

其次，**欧洲在安全秩序建构中推崇共同价值观，试图以此超越国家、民族以及文化边界，以消除国家间的隔阂与分歧**。欧洲各国认为共同的价值取向高于一切，将共同价值观灌输于欧洲安全秩序建构的各个层面。但从百年来欧洲安全形态中的战和交替、定乱循环所见，**共同价值观实际上并未改变欧洲安全秩序的基本规则和走势**。共同价值观无法抹杀国家间在历史传统与现实利益上的差别；共同价值观无法替代欧洲存在已久的强权政治逻辑；共同价值观的内在优越感使其极具竞争性、排他性以及单边化色彩，容易造成对其他异质性价值观的压制，难以形成合理有效的欧洲安全秩序。

最后，**为缔造和平秩序，欧洲创立了许多国际关系学说与理论，用于指导国际或区域安全秩序建构**。正是在古典现实主义、理想主义、自由主义、制度主义、建构主义、新现实主义、新自由主义以及新制度主义等思想与理论指导下，欧洲创建了多种安全机制、安全组织及行为规则。它们还与美国等域外大国、联合国等国际组织及其他区域组织展开合作，创建双边、多边安全联合机制,共同应对安全威胁,改善欧洲安全环境。

不可否认,**这些学说与理论对欧洲和平建设发挥了一定作用,但却无法破除欧洲安全周期律**。原因在于上述理论具有较强的针对性与时效性,很难完全跨越时间、国家以及民族等界限;这些理论大都以美国为主导,虽然美欧双方对许多国际或区域安全问题存在共同话语,但双方的安全诉求仍有很大差别。

二 欧洲破解安全周期律的途径与前景

进入21世纪,**欧洲安全形势更趋复杂**。一是**非传统安全威胁层出不穷**。欧洲各国大多遭到政治右翼化、民粹主义、极端宗教主义、非法移民、难民危机等袭扰。各国普遍面临恐怖主义威胁;非法移民与难民打乱了欧洲正常的政治、经济与社会生活,引起激烈的民粹主义反弹;各国政治趋向右翼化,右翼政党操纵民意,反对传统政治,排斥移民和难民,反对全球化,主张本国利益优先,严重危及欧洲正常的政治生态。

二是**欧洲从 2008 年美国次贷危机开始成为国际金融危机的重灾区**。希腊在 2009 年爆发债务危机,此后欧洲多国出现巨额赤字,融资成本攀升,失业率增加,欧洲普遍出现经济衰退。这一局面目前虽有缓解,但已对欧洲政治与社会生态带来冲击。例如,法国"黄马甲运动"和英国"脱欧","脱欧"的不良影响正在发酵,不排除会有其他欧盟成员国步英国后尘。

三是**欧洲同样面临传统安全威胁困扰**。由于北约持续东扩,导致俄罗斯在欧洲的地缘战略空间被压缩,双方地缘政治博弈愈演愈烈,在政治、经济、军事、外交等多个领域似乎进入了新一轮对峙。很显然,避免欧洲安全重蹈历史覆辙已成当务之急。

(一)欧洲要改变战乱交替的循环律须建构全新安全架构

第一,欧洲各国在欧洲安全建构中应摆脱事事听命于美国的做法。欧洲各国与美国同属北约,但双方在欧洲安全建构中的利益诉求和战略重点有很大差别。欧洲各国看似需要美国"保护",但这种保护的必要性与合理性值得商榷。从目前北约与俄罗斯对抗所见,欧洲客观上需要找到更适合自身安全需要的方法与路径,改变目前唯美国"马首是瞻"的做法,通过与俄罗斯展开平等谈判和对话,真正实现欧洲的长久和平与稳定。

第二,**欧洲各国须放弃旧的"冷战"思维,以更加开放的心态接纳俄罗斯**。俄罗斯作为欧洲历史上的传统大国,不论其过去所扮演的角色如何,俄罗斯在欧洲地缘政治中一直发挥着重要作用。缺乏俄罗斯参与或者让俄罗斯发挥反向作用,任何欧洲安全建构都将是不完整的。因此,欧洲各国应当秉持开放、包容的态度,承认并接受俄罗斯存在这一客观事实,将俄罗斯逐步融入欧洲安全建构而不是将其拒之门外。

第三,**欧洲还要继续推进一体化,推动欧洲命运共同体建设,全面确立新欧洲意识**。作为欧洲战后联合的一项重要内容,一体化代表了欧洲的发展方向。当前欧盟虽遭遇英国"退欧",但一体化的方向、目标以及规则不容否定。与此同时,欧洲各国应尽可能淡化北约军事对抗色彩,尽力避免北约在欧洲安全秩序建构中的主导性和唯一性。欧洲各国同时应进一步强化欧洲自我意识,建立普遍的欧洲安全认同,推动欧洲命运共同体建设,以此摆脱欧洲安全周期律。

第四,**欧洲安全秩序建构要获得国际社会支持**。欧洲安全秩序建构看似只关系到欧洲各国,但在全球化进程中,欧洲实际上已经与世界其他国家或地区紧紧连在一起。因此,欧洲安全秩序建构必须充分考虑国际社会的诉求,必须考虑各关联方的利益关切。欧洲安全秩序建构首先需要在国际安全体系内展开,其次必须遵守相关国际规则,最后不得凌驾于其他国家或组织之上,只有这样,欧洲安全秩序建构才能拥有牢固、长久、有效的基础。

（二）须确立务实的欧洲国家治理模式

第一，欧洲须确立更加自信和自立的经济与金融体系。 欧盟是全球规模最大的经济联合体，欧元的影响力仅次于美元，科技水平居世界前列，欧洲理应在国际舞台上发挥更大作用。针对当前美国推行的单边主义和利己主义政策，欧洲不仅要敢于说"不"，还应勇于抵制美国扰乱国际经济与贸易秩序的错误做法，以建设和发展更加自信、自立的经济与贸易体系来推动世界经济发展。

第二，须放弃"人权"与"民主"等空洞说教，代之以更务实的政策。 欧洲应放弃各种空洞的宣传，放弃死要面子活受罪的一些做法，立足于改善欧洲自身及其周边地区政治、经济以及社会生态。一是欧洲各国必须正视自身的不足，采取针对性步骤，缓解政治右翼化、民粹主义、难民与非法移民等问题对欧洲造成的消极影响。二是放弃对中东、北非事务的插手与干预，积极推动上述地区的和平与稳定，逐步铲除暴恐组织与难民滋生的土壤。

第三，欧洲还应推进更开放的经济社会发展政策。 面对欧洲经济衰退以及由此引发的一系列社会问题，欧洲应该着眼于创建既治标又治本的政治优化、经济发展、社会治理、民生改善等政策。当前，欧洲需要以更加开放的心态对待中国崛起这一事实，积极支持并参与中国"一带一路"建设，才能为自己赢得更大的发展空间，争取更多的发展机遇。

与百年前的欧洲相比，当前欧洲各国和组织就欧洲安全秩序建构所凝聚的共识越来越多，尽管存在阻碍，但持续推动欧洲安全与稳定已成为欧洲所有国家和组织的共同目标，而且都在为这一目标付出努力。就此而言，打破欧洲安全周期律是可以期待的。

（中国人民大学历史学院教授　许海云）

全球价值链重构及政策启示

本文要点： 全球经济网络中的"强权管控"也适用于价值链的治理。当前，国际经贸规则的变化影响着全球价值链的重构。发达经济体试图重构国际经济秩序以削弱中国等新兴国家的国际地位。新兴经济体正以前所未有的速度、规模甚至方式，冲击着原有的世界格局。构建包容的全球价值链是大势所趋。通过"一带一路"倡议下的经济治理新平台，构建沿线国家参与的价值链，是扩展全球价值链体系的重要途径。扩展全球价值链体系是深化经济全球化的重要途径，也是维护多边主义的有效手段。

一 全球经济网络与全球价值链中的"强权管控"

美国乔治·华盛顿大学学者法雷尔和乔治城大学学者纽曼近期在《国际安全》上发表了一篇题为《作为武器的相互依存》的文章。文章指出，在高度不对称的网络中，如果一个国家同时满足两个条件：对网络的中心节点拥有管辖权；具有足够的能力以命令那些管理中心节点的公司，那么该国就能利用"全景监管"和"阻断制裁"的方式达到强权政治的目的。无论是SWIFT系统还是互联网，由于国家强制权力的存在，这种相互依存的全球化也就变成了一种被"武器化"的危险存在。

SWIFT和互联网等经济网络可以被称为"虚拟价值链"，实体经济就对应为"实体价值链"。这两种价值链在治理结构上既有相同点也有较大差别。**虚拟价值链结构简单**，强权国家处于核心位置，其他国家处于外围，形成了"中心—外围"的圆形管辖结构。由于强权国家具有中心节点的管辖权，就可以对外围国家实施"阻断制裁"。**实体价值链具有纵横交错的复杂结构**，国家与国家在产业之间形成了错综复杂的分工与合作关系，价值链的长度取决于产业或者产品的复杂程度，其分工格局与收益分配都是由该产品的跨国公司总部决定。

比较而言，实体价值链中跨国公司总部的"管辖权"远没有虚拟价值链中的强制权力那么大。即使被跨国公司"摒弃"，被摒弃的国家和产业也可能会被同类产业链的其他跨国公司选用。从经济学角度看，实体价值链中的企业存在着一定的替代弹性，对于参与价值链的企业而言，其不会被强权国家的跨国公司完全"阻断制裁"。**但对于一些独一无二的高科技产品价值链，由于供应商找不到可以转移的产业链，仍存在一定的被跨国公司"阻断**

制裁"的风险。

二 国际经贸规则变化与全球价值链重构

(一) 国际经贸规则的变化影响着全球价值链的重构

随着全球价值链的不断演进,全球区域经济格局重构也随着全球价值链重构而发生。世界范围内新兴经济体通过增强自身全球竞争力,提升了在新一轮全球经济治理中的地位。同时,**发达经济体试图重构国际经济秩序以削弱中国等新兴国家的国际地位。**新兴经济体正以前所未有的速度、规模甚至方式,冲击着原有的世界格局,考验着现有的国际秩序。

2015年,美国公布了跨太平洋伙伴关系协定(TPP)文本中的"原产地规则",其目的是"促进区域供应链、确保缔约方而不是非缔约方成为协定的主要受益者"。另外,TPP中"纺织和服装"章节提出的"从纺纱开始"集中显示了更为严苛的原产地规则,其要求进入美国市场的服装等纺织品,从纺纱、织布、裁剪到加工成成衣都必须在TPP成员国境内完成。这两条新规则突显了**TPP对非成员国的排斥,这将会破坏产业链的最优化配置**,是国家意志在国际经贸规则中的体现。此外,美国挑起的中美贸易摩擦违背了美国《1974年贸易法》和世贸组织规则,正严重破坏全球分工格局和价值链体系,加剧各国在价值链上的竞争。

(二) 构建包容的全球价值链是大势所趋

包容的全球价值链,不仅能吸纳发展中国家,更要促进大型跨国企业以外的中小企业融入全球生产体系中。众所周知,在经济全球化背景下,中小企业乃至小微企业的发展离不开全球或区域一体化生产体系,现在越来越多的企业参与了跨境生产任务。原来,中小企业只能依靠国内要素壮大自己;在开放型经济条件下,中小企业也可以利用外部资源促进自身发展,例如利用外商投资获得发展壮大，成长起来以后企业还可以对外进行投资并购。同样，发展中国家和中小企业更好地融入全球价值链，不仅可以在全球化中分得一杯羹，还有助于构建包容的全球价值链，从而促进全球贸易和投资增速的提升。

然而，在现实中有两种发展趋势并不利于中小企业融入全球价值链。一种情况是，**全球价值链一直以来都是由跨国企业操控的**，跨国企业会通过复杂的规则和较高的执行成本，来减少东道国当地的供应商数量，以此维护较长供应链的运转。另一种情况是，成本的压力会使跨国企业重新配置供应链，越来越多的跨国企业将前期资本支出转移给供应商，这些供应商也将面对更多的金融问题和竞争压力。如果这些趋势越来越盛行，那么，全球价值链带给中小企业的机会也将减少，并增加中小企业融入全球价值链的挑战。

三 "一带一路"建设扩展了全球价值链体系

通过"一带一路"国际合作可以实现价值链扩展。中国与"一带一路"沿线国家的合作不仅包括基础设施的投资，而且致力于通过扩大国际产能合作带动更多沿线国家融入新的区域产业链、供应链和价值链。中国与沿线国家充分发挥各自的要素优势，在百年未有之大变局的新形势下构建"一带一路"价值链体系。通过"一带一路"倡议下的经济治理新平台，构建沿线国家参与的价值链，扩展全球价值链体系。

构建中国与"一带一路"沿线国家之间的价值链是开拓创新型全球价值链的重要历史机遇，也是发展中国家融入全球化的新契机。目前，**北美、欧洲和东亚等较为成熟的价值链体系已经不能满足全球经济均衡发展的需要**，构建"一带一路"价值链扩展了现有的全球价值链体系。"一带一路"倡议下的国际合作以中国为起点，贯穿中亚、欧洲，远及被称为"一带一路"自然延伸的非洲国家和地区。中国对沿线国家的基础设施投资和不断深入的国际产能合作，以及沿线国家之间、沿线国家对中国的投资和产能合作，将逐步构建一个崭新的、循环互动的、"履带模式"的价值链体系。

四 政策启示

第一，**随着国际经贸规则的不断演变，发展中国家深度融入全球价值链而面临的挑战日益增加**。这就需要发展中国家不断提升在价值链体系中的位置，增强在国际经贸规则制定中的话语权，防范发达国家在价值链体系中滥用"阻断制裁"的权力。

全球价值链的重构应该与国际经贸新规则融会贯通。一方面，全球价值链的发展模式会促使国际经贸规则不断变化。例如，全球价值链的发展要求取缔具有保护性质的非关税壁垒，并要求削减关税水平。同时，国家间不断签署新的双边投资协定和自由贸易协定，以此便利于全球或者区域价值链的顺利、高效运行。另一方面，国际经贸新规则也会掣肘发展中国家融入全球价值链。例如，TPP中的原产地规则和竞争政策等会破坏或者阻碍发展中国家融入这些新规则主导的价值链体系。

第二，**扩展全球价值链体系是深化经济全球化的重要途径，也是维护多边主义的有效手段**。当前，逆全球化暗流此起彼伏，其本质是西方霸权国家欲垄断行业经营权和规则话语权以寻求自身利益最大化，从而减少发展中国家在经济全球化中的收益。所以，发展中国家要深度融入价值链体系，捍卫多边贸易体制，不仅要积极拓展全球价值链，还要向价值链高端不断攀升。

随着全球经济互联程度的不断加深，全球价值链在其中的纽带作用更显重要。共享、开放、包容的全球价值链，给融入其中的各个国家提供了发展的机遇。各种区域贸易安排和国际经贸新规则也应促进全球价值链包容协调发展，使其继续成为世界贸易增长的引擎。加强全球价值链的能力建设，促进最不发达国家和地区融入全球价值链，提升发展中国家在全球价值链上的地位，以此有效改善全球贸易增长放缓的"新常态"。

第三，构建"一带一路"下的区域价值链能够促进产业间合作，形成优势互补的发展动力，为沿线国家的发展创造重要机遇。区域价值链不仅可以带动沿线国家富余产能和资金"走出去"，也有利于各国产业的优化升级。

在亚太区域价值链和北美自贸区价值链等格局基本形成的情况下，**"一带一路"倡议带动的沿线区域价值链将引领价值链的发展方向，成为全球经济治理的新平台。**所形成的区域价值链不仅能使沿线国家成为互联经济体，还要在区域价值链的基础上发挥价值链的辐射作用，构建"点线结合""履带式"的区域价值链。从价值链的合作看，沿线国家能够获得一些稀缺的资源和资金，而这些生产要素恰好可以促进沿线国家的价值链合作，为沿线国家创造一个重要的发展机遇。

（中国社会科学院世界经济与政治研究所副研究员　马涛）

产业政治与大国竞争

本文要点：全球化重塑了全球产业结构，大国竞争的本质也转向了产业政策竞争。控制了从低端到高端的全产业链，就意味着该国控制了全球产业结构。产业结构决定了经济实力和军事技术，而经济实力和军事技术决定了国家安全，因此产业结构的质量和安全决定着国家安全。在全球化时代，中国的优势位于产业链中下游，美国的优势位于产业链上游，构建全产业链已经成为大国竞争的核心。主导竞争的最重要因素是产业政策、尖端技术和市场规模，而大国竞争的本质是产业政策及其实现方式的竞争。

一 全球化时代大国竞争的本质

在全球化时代,先进技术占据主导地位,大国竞争不仅是军备和 GDP 数值的较量,还是持续创新与快速应用的产业链之间的竞争。竞争本质的变化导致安全的内涵发生了巨大转变:从如何防止战争逐渐转向如何确保产业安全。

(一) 全球化重塑全球产业结构

完整的制造业产业结构是金字塔式的:最基础的是能源和矿产,低端是劳动密集型制造业,中端是资本密集型产业,高端则是技术密集型产业。完整的制造业产业结构和产业链对国家的发展和安全非常重要:**低端产业解决就业,中端产业确保发展,高端产业引领科技。全产业链是国家产业安全的唯一结构**。产业发展单一或者国内市场不足对于一国的产业发展而言是非常危险的。一旦具有竞争优势的产业被其他国家超越或者产业发展失败,将导致整个国民经济出现结构性危机。

从技术创新的角度来看,完整产业链始终是实现技术创新的基础;从技术应用的角度来看,产业链与市场相结合及市场竞争的需求能够促进更新技术的研发和快速应用,市场应用就会产生丰厚利润,为技术的再创新提供充足资金,这就形成技术研发—市场应用的动态循环;从政府公共财政的角度来看,全产业链不但确保了就业,还能为政府提供充足的社保资金和财政收入,而政府赤字越小,就越能够提供更多的公共福利和国防预算,才能够让经济发展的红利转化为军事实力,改善国家安全。

全球化中的国际产业再分工是一个动态过程,**全球产业供应链的安全和市场规模决定了一个国家的产业安全**。技术增长极限、新兴大国在产业链中的攀升和守成大国既得利益集团对新技术应用的阻碍,成为严重威胁守成大国产业安全的三大要素。新兴大国的产业政策让守成大国逐渐丧失了竞争优势,从而导致新兴大国与守成大国在全球产业链竞争中形成结构性矛盾。

(二) 产业政策成为大国竞争的核心

新一轮的产业和科技竞争将使得大国重新洗牌:谁能够制定出适合本国现状和未来的产业政策,并且能够通过国家或者市场力量快速和有效实施这种政策,谁就能够保持赶超速度或者强化科技领先地位。**新兴国家产业政策的目标是模仿和追赶发达国家的技术水平和市场竞争力;守成大国产业政策的目标则是确保尖端科技领域的绝对优势地位**。无论是守成大国还是新兴大国,经济发展的根本动力是有效组织的技术生产和应用。其中有两个层次:一是技术生产和应用,二是有效的组织体系。换句话说,现代科技已经发展到超大规模的资本投入和团队协作阶段,更加需要一套高效率的组织体系来加以支撑。技术的创新主体依然是企业,产业政策本身并不能指导技术创新,它的重要作用是为产业组织体系提供技术生产和应用的外部保障。

在新形势下,自由市场机制越发不能适应科技发展,国家动员机制也因此脱颖而出。其优点在于能够制定出较为稳定的中长期产业政策,并且按照这一路线图有组织、有计划地集中投入资金和人员。**国家动员机制是通过积极的财政政策、稳健的货币政策来支持技术的研发与应用,由国家和企业共同承担技术追赶的成本和跨越技术断层的风险。**

国家动员机制包括两个不同阶段:第一阶段是制定和实施产业政策,这是国家协调阶段;第二阶段则是依据产业政策,投资研发市场所需的技术、建设匹配的基础设施和完善市场监管,然后由企业提供市场所需的各类终端产品,并依据自由市场原则,在竞争性市场中为消费者提供优质产品和服务,最终让企业获利,让政府征税。政府和企业在拥有充足的资金后，能够再次投入更新技术的研发与应用之中，从而形成科技研发—市场应用的良性循环。

二　美国的产业政策发展与本质

美国是产业政策的鼻祖。美国的产业政策分为政府补贴、贸易政策、政府采购、风险投资、国资救市、税收政策、金融准入、出口支持、支持制造业、支持中小企业这十个领域。州一级政府对本州产业发展也有相应的各种规划。

现阶段，美国联邦政府产业政策的核心是保持自身在尖端技术领域的优势地位，尽可能地恢复劳动密集型产业、资本密集型产业曾经的辉煌。也就是**回归全球化之前的全产业链的产业结构**，以重新对全球产业链实现垂直掌控，尤其是要在技术密集型产业保持绝对优势。在这种掌控全产业结构的思维指导下，特朗普政府实际上是在**实施美国历史上前所未有的综合产业政策**，包括三个层次：

第一层次针对劳动密集型产业，其宏观目标是让基础制造业重新回流到美国以扩大就业，对象是那些流向中国等发展中国家的制造业资本。

第二层次针对资本密集型产业，其宏观目标是保护美国中端制造业免受国际竞争冲击，扩大海外市场。

第三层次针对技术密集型产业，其宏观目标是保持美国在尖端技术领域的绝对领先地位。对象是半导体、人工智能、先进制造、量子信息、5G等技术密集型产业。手段是集中制定和签署一系列产业政策，通过增加政府的研发直接投资，加大对技术密集型产业的扶持，推动新技术的研发。

三　对我国产业政策的建议

当今世界处于一个经济增长和技术发展的瓶颈期，科技发展、技术应用越来越依赖国家力量进行有效组织和动员。**产业政策及其实现方式成为大国，尤其是中美两国竞争的核心**。完善的产业政策不只是追求保持或发展某一领域的高端产业，而是最大限度地确保劳动就业、经济发展和科技引领的多层次全面发展。其宏观目标是保证产业链安全和竞争优势，并且在产业转换和升级的时候妥善应对淘汰落后产业和产业周期衰退产生的社会冲击。因此，本文提出以下一些政策建议：

第一，**从宏观角度，产业政策的扶植对象是能源与矿产、劳动密集型、资本密集型和技术密集型全产业链**。实现手段则是建立和塑造有利于全产业链尤其是高端产业发展的有效机制。全产业链是国家发展的重中之重，也是决定大国有效竞争力的核心。

第二，**全产业链意味着没有一个层级的产业是多余的**，低端产业并不低端，反而为中端和高端产业提供了大量的基础配件、训练有素的后备劳动力。**产业升级是一个自然演化的过程**，而不是通过行政方式按照主观愿望去"淘汰"或者关闭。现阶段美国产业政策目标之一就是将中低端制造业挤出中国，实现与中国的经济"脱钩"。而中国应该采取反制措施，加大力度继续扶持中低端制造业的发展。不能人为地去产能，刻意关闭"落后"企业，曲解供给侧改革的真正内涵。

第三，产业链的核心主要包括三大领域：一是产业链上游即知识产权、核心技术与零部件；二是产业中游即终端设备制造；三是产业链下游即市场应用。在这三大领域中，**中国的优势位于产业链中游和下游，即终端设备制造和市场应用；美国的优势位于产业链上游，即核心技术和核心零部件**。在现阶段和未来，美国将可能通过阻断技术传播、关闭国内市场两大方式,来实现同中国的"技术脱钩",抽掉中国向技术密集型产业攀升的梯子。

第四,**未来大国竞争的三大核心要素是:全球产业链+数据平台+市场规模**。数字平台包括了数据规模和国家监管两个方面,需要着眼于数据监管法律建设和未来数据贸易。我们要加速实现中欧技术标准统一,从而形成数字平台的安全性和统一性,使得中欧成为未来数据的世界核心。

第五,**全产业链需要国家对整个产业进行综合性规划**,例如,不能因为半导体行业的竞争而忽略了材料、化工、生物等基础学科和其他领域的研究与产业发展。

当前,国际关系发展到了一个无法通过战争来遏制新兴国家崛起的时代。相反,谁能控制从低端到高端的全产业链,谁就能控制全球产业结构。因此大国竞相推出产业政策,力争为国内产业发展提供清晰的目标和坚定的信心。**构建全产业链已经成为大国竞争的核心**。只有建立在大规模就业和科技商业化的基础上,以尖端科技为核心的高端产业才会有坚实的发展基础。在这一轮竞争中,出局者将很难再次具备在产业结构中攀升的可能性。制定和实施符合现实状况的产业政策成为大国竞争的重中之重。

(北京大学国际关系学院助理教授 雷少华)

全球价值链调整与中国的应对策略

本文要点：金融危机以后，全球价值链的增长陷于停滞，且重心逐步向东亚、东南亚和南亚转移，价值链面临着重塑调整，这为新兴经济体带来了机遇。新兴经济体的崛起创造了新消费市场，新技术的应用为科技赶超提供了契机，发展中国家将迎来新一轮消费升级和服务业的繁荣兴盛。随着科技进步与发展，中国在全球价值链的位置发生了根本性变化，逐步向高附加值环节攀升。对此，中国应该着手加快"一带一路"建设，催生新技术革命，促进消费发展，调整产业结构，抓住全球价值链结构性变化带来的新机遇，做好全球范围内的战略新布局。

全球价值链是当今全球经济的一个主要特征。随着现代运输和通信技术的高速发展,跨国公司在全球范围内的资源配置能力逐渐增强,产品的生产过程实现了模块化、标准化和国际化管理,不同国家和地区融入不同的生产工序、生产阶段和环节中,成为世界经济体的一部分,构成全球价值链体系并承担不同的国际分工。

一 全球价值链变化的三个主要特征

金融危机以来,全球价值链发生了重大变化。发达国家消费需求的下降、保护主义的扩张蔓延、新兴经济体间的经济融合、全球生产的加速整合都带来了全球贸易和投资格局的趋势性变化。全球价值链的变化主要体现在以下三个方面:

一是全球价值链的增长陷于停滞。自2012年以来,全球价值链的增长处于停滞状态,全球贸易与投资活跃度有所减缓。从1990年到2012年,在全球贸易中,外国附加值占比一直稳步增长,而2012年以后这一比例不再增长,维持在30%的水平。这一趋势与经济全球化减缓及全球对外直接投资规模停滞相一致。2010年以后,国际贸易,尤其是经济发展水平相一致的发展中国家间和发达国家间的贸易不再增长,同时国际投资也维持在稳定水平。

导致这一现象的主要原因包括:首先,**发达国家消费驱动减弱**,居民实际购买能力下降,减少了对商品进口和劳务的需求。企业开始致力于减少债务存量,通过出售资产、减少消费、增加储蓄等方式收缩杠杆。其次,**智能技术革命使发达国家出现了一定程度的制造业回归现象**。新技术革命为发达国家制造业的回归提供了科技支持,减弱了全球产业链延伸的动力。最后,**发展中国家产业升级减少了中间品贸易需求**。生产加工国将一部分全球价值链分工进行内化，实现了进口替代，从而放缓了全球产业链的空间延伸速度。

二是价值链的东渐。近10年来，全球价值链参与度增长最快的区域是东亚、东南亚和南亚，年均增长达到4%以上。**亚洲国家全球产业链参与度的提升与这些国家的制造业兴起密切相关**。自1995年起，亚洲地区多数经济体制造业占GDP比重超过全球平均线20%。其中中国占比最高，接近40%。除参与度提升外，东亚、东南亚、南亚地区在全球产业链的生产力也在不断增强。低端劳动技能的加工生产随着时间推移比重在逐渐减小。尤其是2008年国际金融危机以后，高科技产品占出口比重迅速加大。同时，参与全球产业链分工过程也带动了亚洲国家的就业增长。

三是中国在全球价值链中地位的变化。近年来，中国作为世界工厂的优势地位有所减弱。劳动成本上升使中国在劳动密集型生产领域的优势逐渐丧失。同时，**中国的制造业实现了一定程度的技术转型升级**。中国在资本密集型和技术密集型制造业产业链中不断向价值链高附加值环节攀升。智能设备、大数据、物联网技术在中国发展迅速，已经出现国际领先水平的科技突破。自动化技术得到了广泛应用。2011—2016年，中国的机器人使用率在汽车行业增长了200%，在其他行业增长了267%，增速远高于美国、日本、德国和韩国等发达经济体。中国的出口产品中，技术复杂产品占比逐年递增。1990—2016年，中国的技术密集型出口产品由25%增长到60%，增幅达35%，显著高于其他新兴经济体。**这显示了中国在全球价值链中的地位不断攀升，在"微笑曲线"中向附加值高端迈进**。

二　全球价值链变化带来的新机遇

全球价值链变化带来了挑战，同时也为发展中国家进一步扩大开放、实现技术升级和经济结构调整带来了新机遇。

一是新兴经济体崛起带来了新的市场机遇。金融危机后,发达国家市场需求出现疲软,全球价值链的东渐显示了亚洲新兴经济体成为全球经济增长的新动力。新兴经济体规模与发达国家间的差距逐渐缩小,南南贸易联系逐步加强,相互间直接投资稳步增长。在"一带一路"倡议的带动下,中国与新兴经济体经济往来日益密切,为沿线传统和新兴产业的发展都带来了新的市场机遇。基础设施互联互通使沿线贸易、投资、产能合作、商务交流得以迅速发展,随之而来的数字技术、现代金融、电子商务、互联网经济等新兴产业也正蓬勃兴起,为沿线国家经济发展开启了新的增长引擎。

二是新技术革命正处于酝酿期,为发展中国家科技赶超提供了新机遇。在发达国家积极推进"再工业化"之际,发展中国家也在大力研发智能科技和下一代互联网技术。近年来,以中国、印度、俄罗斯等为代表的新兴经济体成为科技进步的重要力量,研发投入的大幅增加以及催生新组织、新业态的制度改革为后发国家赶超发达国家提供了良好条件。此外,发展中国家间科技创新合作也在日益加强。金砖国家技术转移中心的设立使发展中国家在新能源、环境治理、天文物理、高性能计算以及纳米技术等前沿领域的合作迈上新台阶。这些举措加速了新技术革命的到来,为新兴经济体提升自主创新能力提供了良好机遇。

三是发展中国家内部产业结构调整,为消费和服务业发展创造了新契机。全球价值链的调整使新兴经济体有望打破限定在价值链低端环节的困境,逐渐向资本和技术密集型产业以及服务业转型。智能化、自动化的普及将解放出大批劳动力,为消费和服务业的发展带来机遇。教育、文化、咨询、旅游等服务行业将迎来新的增长契机。新技术使未来消费趋向平台化、集成化和个性化,通过互联网整合产品、供应链和个人资源,以定制化方式满足纷繁多元的消费需求。

三 中国的应对之策

基于全球价值链的变化特征,我们应谋划应对策略,抓住全球价值链结构性变化带来的新机遇。

第一,**要积极推进"一带一路"建设,扩大对外经贸合作交流,尤其是加强与新兴经济体的经贸往来和投资**。中国应进一步加强与新兴经济体的经贸往来,拓宽贸易和投资渠道,加快双边和区域自贸协定的谈判进程,加速推动以平等互利为基础,以科技进步和消费升级为驱动的新型自贸区建设;深化与沿线国家的国际合作,规划中国与周边新兴经济体的协调发展,根据国别、区域的政治环境、经济基础、文化特质等禀赋差异制定不同的合作发展策略;加强教育、民生等社会责任管理,构建平等、开放、包容、共赢的全球治理新体系;探索新兴经济体可持续合作模式,大力发展绿色能源、环境保护、医疗健康、现代金融等新兴产业,**在产业链重塑期间做好全球范围内的战略新布局**。

第二,**要加速催生新技术革命,开启经济增长新引擎**。近10年来,全球价值链增长停滞,部分源于发达国家智能革命带来的制造业回流,部分源于新兴经济体技术升级导致的外部分工内部化。**中国应大力提升创新能力**,一方面做智能浪潮的引领者,促进中国向价值链高端迈进,将外部分工进一步内化,成为全球产业链不可替代的一部分;另一方面,通过合作研发、平台共建、资源共用、成果共享等方式促进国际科技合作研发,加快实现国际前沿领域的技术突破和成果孵化转移,以创新引领中国等新兴经济体共同发展。

第三,**鼓励和促进消费,使内需成为新的经济增长点**。面对国际市场的需求减缓和世界经济局势的复杂变化,**扩大国内需求**

是提振我国经济的有效对策。应进一步完善社会保障体系，扩大社会保障覆盖范围，保障居民消费支付能力；提升产品和服务质量，完善质量监控体系；拓宽消费渠道，扩展消费领域，培育新的消费热点；加快实施农村振兴、医疗改革和生态环境建设，完善交通、电信、网络等基础设施，推动信息化和电子商务普及，提高物流效率，为提升居民消费能力创造有利条件。

第四，**调整产业结构，逐步增加服务业在国民经济中的比重**。随着中国人口红利优势的减弱以及人工智能的发展，我国劳动密集型产业将日趋缩减。**我们应顺势实现产业和劳动力结构转型，逐步减少工业生产比重，大力发展现代服务业**。加快信息、金融、保险会计、法律服务、咨询、科技和商业服务等行业发展，振兴文化、旅游、教育、培训等产业。优化面向新兴服务领域的制度环境，鼓励运用网络化、集成化、定制化等手段重组供应链，抓住产业链调整带来的机遇，使我国在新的全球分工体系中具有更强的竞争力。

（中国建投研究院研究员　马天月）

产业升级与技术创新

在全球价值链路径上建设制造强国

本文要点：在新一轮经济全球化浪潮中，建设制造强国要在高水平、高质量的开放经济体系下进行，这就要求我们深入思考制造业转型升级的战略、方向和根本路径：一是中国企业可以依托庞大的内需，建设需求或技术驱动的全球价值链，把全球供应商纳入自己主导的分工网络中；二是以动态竞争优势理论为指导，加强对全球价值链上游高知识技术密集环节的追赶，拓宽瓶颈部门；三是摆脱在全球价值链上"被俘获"的命运，鼓励企业进行功能升级，重点发展制造型服务业；四是增加经济的竞争性，加大知识产权保护，重整价值链上公平竞争环境；五是把价值链攀升与培育世界级先进制造业集群结合起来，实施战略互动。

过去中国的制造业是在嵌入全球价值链（GVC）形态的产品内分工体系下，利用低成本优势进行国际代工，使制造业的规模、体量得到了迅速增加。新一轮经济全球化必然带来全球先进的、高级的生产要素的转移和移动，从而会有效地提升中国技术创新的能力，驱动中国创新经济发展，提升中国制造的品质和水平。

一　在 GVC 上培育具有"链主"地位的跨国公司

在大力振兴实体经济、持续扩大内需与调结构相结合的政策导向下，中国市场不仅正在给全球企业和人才提供巨大的发展机遇，而且中国企业也完全可以依托庞大的内需，建设市场驱动型 GVC，把全球供应商纳入自己主导的分工网络。

第一，**在消费终端推进以电子信息网络支持的零售企业的大型化**。通过资产的兼并重组构建若干拥有一定市场势力又相互竞争的大型商业巨头，这种商业巨头可以与制造业巨头之间产生市场势力的对冲效应。

第二，**改革收入分配制度，以收入增长和公平分配支持内需规模的不断扩大和结构优化**。当前制约内需扩大的主要因素是收入分配差距的加大。富人缺乏消费的动力，而边际消费倾向大的低收入群体又无力消费。这与中国基尼系数过大有直接的关系。

第三，**鼓励中国制造企业开展可以在价值链上产生"链主"效应的投资活动**。如沿着"制造—零售"产业链进行前向的纵向一体化投资活动；或者鼓励制造企业收购兼并国外的品牌、网络、广告、营销系统。

更重要的是，我们可以依据中国的内需去吸引全球高级人才、技术和资本，开发具有自主知识产权和品牌的研发项目，发展创新经济，建设生产者驱动的 GVC。由于这类价值链的动力根源是产业资本,其核心能力主要体现在研发、生产能力上,所以像高通、ARM等公司可以通过授权或者掌握芯片的核心技术,居于产业链的最高端成为"链主"。因此制造强国还是应该强在对核心技术的掌握上,通过拥有核心技术从而占据GVC上"链主"的治理地位。

一是**把扩大内需、新一轮全球化、建设创新驱动国家等战略结合起来,共同服务于建设制造强国的目标**。扩内需是为了更深层次的开放,为了给全球先进技术和人才提供市场机遇。在以扩内需为基点的新一轮开放战略下,通过开放的包容性生态社会环境的建设,千方百计推进全球优秀人才向中国移动和流动,是利用大国经济优势推进制造强国的首要政策目标。

二是**鼓励中国企业从加入全球生产分工,转向加入全球创新网络,在全球创新分工体系中占据一席地位**。嵌入生产分工是嵌入创新分工的必经阶段,但后者的等级要大大高于前者。嵌入全球创新网络,首要的事情是要讲规则,专注于知识的投入,尊重和保护知识产权。另外要充分发挥企业与大学、科研院所的互动作用。如硅谷周边区域,就有斯坦福大学、加州大学伯克利分校等近20家名牌大学。波士顿区域内,则分布着哈佛大学、麻省理工学院等世界一流大学,它们所提供的大量高素质人才,以及高水平的科技成果,是创新生态系统形成和发展的关键因素。

值得强调的是,在培育"链主"的战略实施过程中,我们始终可以把"引进来"和"走出去"结合起来,通过新的投资、逆向外包、收购兼并等市场经济手段,广泛吸纳全球知识、技术和人才为我所用,同时为世界其他国家的发展提供新的机会。

二 向上延伸产业链,培育GVC上的"隐形冠军"

美方在这次中美贸易摩擦中欲对中国高科技企业痛下狠手,

这一事实说明，建设GVC上的制造强国，必须警惕那些拥有核心技术、关键零部件和特殊材料的中间投入品供应商，在关键时刻对我国产业安全所发出的可置信的威胁。这类供应商因掌握行业的关键知识和技能，享有其他企业无法替代的优势地位，因而往往是具体产业命运的真正控制者，一般我们把它们称为"隐形冠军"。

中国企业处在GVC上的加工装配等生产环节，是高技术产业的低端环节。中国虽然很多产业规模也做到世界前茅，但这些产业往往大而不强，其核心技术、关键部件和材料大都垄断在国外"隐形冠军"企业手中。大到精密机床、半导体加工设备、飞机发动机，小到圆珠笔笔头的球珠、高铁的螺丝钉、电子产业的芯片、微电子链接用的导电金球等，都是我们在产业链上的软肋和痛点。中国的主导性、战略性新兴产业不可能都通过依赖投资或收购兼并下游的加工厂和零售店达到，而是需要培育更多的"隐形冠军"，才能突破发展的瓶颈迈向GVC的中高端。

三 摆脱被俘获性GVC，坚持功能升级

做GVC上的制造强国需要的是日积月累的产业升级。但是我国企业嵌入的GVC，在治理结构的性质上属于被俘获性，因此产业升级过程具有特殊性。被俘获性的GVC，指的是价值链上的交易者之间，虽然不存在纵向一体化的所有权关系，但是它却可以通过价值链中的治理机制，使广大的供应商被具有"链主"地位的跨国公司所控制。这种被俘获性GVC，由于参与方之间缺乏平等对话的基础，因此在价值分配上不利于发展中国家。

然而嵌入被俘获性的GVC，对发展中国家来说也有其受益的一面。中国代工企业嵌入被俘获的GVC后，在得到来自大买家巨额订单的同时，也会受到其具体的人员培训、技术服务和市场训

练等。中国代工企业在价值链的低端经过快速的学习,其工艺升级和产品升级的周期不断缩短。大买家之所以肯帮助代工企业进行产品和工业升级,主要原因是这种性质的升级有利于品牌产品在最终市场上的销售,其利益与代工企业是一致的。目前这些中国代工企业早已走过进口零部件的装配生产的阶段,处于大规模的整机生产能力提升,甚至已经可以反向出口发达国家的阶段。下一步的产业升级,就是要瞄准功能升级的目标,逐步形成自己的研发设计能力乃至拥有自己的核心技术和自主品牌。

四　以竞争政策重整价值链上公平的竞争环境

第一,**大幅度放宽市场准入管制,增加经济的竞争性**。过去在生产能力短缺时期,国家对市场准入进行严厉的限制,目的是对自己的幼稚产业进行保护。但是随着国内经济力量的崛起,现在很多产业已经开始成熟,没有继续增加保护的必要性和合理性。

第二,**由政府制定优惠政策吸引投资,转向为企业投资创造更有吸引力的环境**。过去中国吸引外资,主要依靠制定优惠政策创造"洼地"效应。但其只能在某个局部的空间上发挥作用,容易人为地拉大区域间发展条件的差距。进入新时代,实现发展权的公平和减少优惠政策过多过滥的格局,需要加强同全球经贸规则的对接,增强政府运作的透明度,强化对民营企业和外资企业的产权保护,鼓励竞争、反对垄断,为企业创造更有吸引力的投资环境。

第三,**由模仿创新发展,逐步转向以知识产权保护为重点的自主创新发展**。早期以出口导向为特征的经济全球化,中国沿海发达地区走的都是"技术模仿创新"的道路,避开了国内因研发和技能差距所导致的技术陷阱,从而凭借其要素成本优势实现迅速的经济增长。当前建设创新驱动国家战略,要求我们执行严格的产权保护制度。这是提高中国产业竞争力最大的激励因素。

第四，**主动利用内需来扩大进口，吸收全球最先进的生产要素为我所用**。过去中国的出口导向利用的是别国的市场，但2008年之后，国际金融危机显示了这种性质的"全球化红利"已基本结束，中国需要与世界进行再平衡，在扩大内需条件下主动启动"基于内需的全球化经济"战略。就是要在加入全球分工体系的基础上，利用全球的优质要素发展自己，以不断增大的内需来扩大进口，吸收外部世界的先进生产要素。

五 价值链攀升与培育先进制造业集群的结合

在 GVC 上建设制造强国，需要落实在具体的空间结构上，产业升级需要重整制造业的经济地理条件。这主要包括制造业发展的时间空间条件压缩、投资密度的增加、经济市场分割程度降低三个方面。

大力发展高水平的制造业产业集群，是实现上述三个要求的关键措施。制造业集群所依赖的运输条件等基础设施建设，以及集群内部有技术经济关联的企业之间较短的物理距离，都是压缩时间空间的具体形式，也是集群存在的基本理由；产业集群的投资密度，要大大高于原子式竞争时分散布局的企业投资密度，也是产业集群取得规模经济和范围经济的基本来源；产业集群打破了行政区域的界限，按照经济功能布局，群内企业的相互学习和由此引出的知识溢出，是减少市场分割、增加经济一体化发展的内在力量。因此，**优化产业的空间配置，大力发展制造业产业集群，是建设制造强国的重要途径**。

(南京大学长江产业经济研究院教授 刘志彪)

新一轮工业革命的本质与中国路径选择

本文要点：工业革命随着复杂性的不断上升，成本也越来越高，新一轮工业革命要解决成本随着复杂性上升的问题。西方发达国家从自身优势出发，美国提出了工业互联网和先进制造业2.0，德国提出了工业4.0，由此形成两种不同的新一轮工业革命实现路径。中国在当前阶段的现状是：优势在互联网支撑服务业，而短板在生产性服务业。为此，中国宜采取"软硬兼施"的模式，向美国学习从消费互联网向工业互联网转型；在制造业中间环节则选择德国的标准，有重点地解决关键性问题。

历史经验表明，全球性经济危机往往催生重大科技创新与突破。后危机时代，推动科技领域革命性突破，寻求一种新的经济增长模式，是西方国家重振经济的必由之路。在这样的大背景下，西方发达国家掀起了新一轮工业革命浪潮。这场世界级的变革与我国加快转变经济发展方式形成历史性交汇。我们需要全面正确认识，才能避免中国的发展偏离世界运行轨迹。

一 新一轮工业革命的本质

关于新一轮工业革命的本质，学界有不同解读。有的从低碳经济视角，认为谁能牢牢把握能源变革这个根本，谁就能在第三次工业革命中抢占先机；有的则从信息技术与生产服务领域的深度融合角度，认为工业革命的核心就是变革和发展制造业，把新能源只看成是其中的一个领域。

（一）工业革命是技术革命、制造业革命和能源革命的聚合

一次完整的"工业革命"，在范围上应该包括制造业革命和能源革命，而技术革命贯穿于始终。在过程上工业革命是沿着这样的路径展开的：一场新的工业革命往往发端于新技术的革命性突破（历史和逻辑的起点），到发展制造业革命（技术在产业部门运用与扩散），再到能源革命（生产获得新的动力）。在时间上，一次完整的工业革命包括两个长周期（康德拉季耶夫周期），而两个长周期又形成一个"霸权周期"（大约100年左右）。在前两次工业革命中，西方国家由于抢先掌握了几乎全部"秘诀"，从而摘取了全球顶级的科技成果。

（二）新一轮工业革命要解决复杂性越大成本越低的问题

工业革命从1.0到2.0再到3.0，复杂性不断上升，成本也越来越高。而成本越高，生产过程也就越难控制。如何解决"多样性价值和复杂性成本之间的矛盾"，已成为制造业面临的最大挑

战。工业化的矛盾要求人类用全新的生产方式和商业模式来解决生产力发展中的矛盾。因此,乌尔里希·森德勒在《工业4.0》中指出,工业4.0实质是为了"控制工业的复杂性",是为了解决工业化过程中"收益—成本"之间的矛盾。如何把复杂变成简单?工业化和传统产业做不到,而互联网则能够比较容易地控制复杂性,越复杂则成本越低。因此,**从工业化到信息化的转变,从传统产业到互联网经济的转变,其本质就是从复杂性越大成本越高,向着复杂性越大成本越低转变**。这便是新一轮工业革命的本质,也是历次制造业革命的普遍规律。

二 新一轮工业革命不同的实现路径

2008年国际金融危机后,西方发达国家从自身的优势出发,提出了不同的工业革命道路。美国提出工业互联网和先进制造业2.0,德国提出工业4.0,由此形成两种不同的实现路径。

第一,**美国路径:互联网+传统制造,侧重于从软件出发打通硬件**。技术创新能力强是美国的优势,其改进方向是以互联网激活传统制造,发挥技术创新优势,占据制造业上游。主要特点是:其一,**在互联网与传统制造企业关系上,强调互联网企业主动与传统制造企业合作**。如美国社交媒体企业以研发为先导,进军终端领域;亚马逊做云服务供应商,为传统制造企业提供一揽子互联网解决方案。其二,**强调商业模式创新**。美国更强调生产方式、组织形式、管理理念的创新,颠覆性创新多、不可规划。其三,**普惠开放**。美国版通用性强,云和大数据公有,硅谷有大数据服务公司,降低了传统企业接入互联网的门槛,投入成本较低,不受企业规模的影响,中小微企业也能成为客户。其四,**在机器与人的关系上**,究竟是人决定技术还是技术决定人?美国认为**机器替代人是解决高人力成本的重要手段**,较少考虑机器对就业的影响。

第二，**德国路径：传统制造+互联网，侧重于从硬件打通到软件**。德国的优势在制造业中间环节，其改进方向是用"信息物理系统"（CPS）使生产设备获得智能，将制造业向智能化转型，以控制工业的复杂性，降低成本。其特点是：其一，**在互联网与传统制造企业关系上，强调利用信息技术改造传统产业**。德国很关注生产过程智能化和虚拟化的深刻改变，并建立完善的工业生态圈。如西门子"数字工厂"通过端到端的数字化，实现了"机器控制机器的生产"，生产设备和电脑可以自主处理75%的工序，工厂产品合格率几乎接近百分之百。其二，**进入门槛高**。由于突出技术优势，而核心技术又往往掌握在大企业手中，创新周期长，需要持续投资，成本高。能够实现的，往往只有那些具有雄厚传统工业制造背景的大型企业。其三，**封闭体系**。由于突出核心企业主导作用，工厂内的制造场景在方案中居于中心位置，云和大数据是少数企业内部沟通的私有产物，最大用户是企业自己。因此，德国制造出现了很多"信息孤岛"。其四，**在人与机器的关系上，强调人机充分融合**。德国与美国的理念有很大的不同，德国始终把人放在制造业升级的核心位置，德国政府充分考虑工业4.0对就业的影响。

三 中国战略：扬长补短，软硬兼施

历次工业革命都为后进国家赶超发展提供了历史机遇。在新一轮工业革命中，中国如何成为领跑者？现阶段，**中国强在互联网支撑服务业，短在生产性服务业**。如何扬长补短？中国应采取"软硬兼施"的"混合版"模式，即通过CPS实现信息的软与物理的硬之间相融合。一方面，**向美国学习，努力从消费互联网向工业互联网转型**，关注大数据和云计算在制造业领域的运用；另一方面，中国有比较完善的工业体系，有制造业赖以生存的广阔市场，**在制造业中间环节，中国选择德国的标准更适合**。从国家战略上，现阶段中国需要重点解决以下五个关键问题：

第一，**从制造方式最基础层面上进行变革**。在这场革命中，无论是德国还是美国，都注重从制造方式最基础层面上进行变革，从而实现整个工业发展的质的飞跃。并不拘泥于工业产值数据这个层面上"量的变化"，而更加关注工业生产方式的"质的变化"。中国现在强调的是在现有的工业制造水平和技术上，通过"互联网+"这种工具的应用，实现结构的变化和产量的增加。这种区别就好比中国是在工业现阶段水平和思维模式上寻求阶段内的改进和发展，美国和德国则是寻求从工业3.0阶段跨越到工业4.0阶段，实现"质的变化"。

第二，**加强对革命性技术的研发**。在新一轮工业革命中，西方国家不约而同地都把CPS作为革命性技术。如美国总统科学与技术顾问委员会把CPS系统作为网络与信息技术领域的第一优先发展方向。德国把CPS列为工业4.0的核心技术，欧盟的第七框架计划在2008—2017年投入27亿欧元开展嵌入式计算与CPS系统相关技术的研发。我国于2012年启动了《面向信息—物理融合的系统平台》主题项目，列入国家863计划。这种CPS系统小如心脏起搏器，大如国家电网，其意义在于实现了物理世界与信息世界的整合与统一，将让整个世界互联起来。如果说互联网改变了人与人之间的互动关系，CPS将会改变人与物理世界的互动关系。

第三，**建立统一的数据中心，对公共数据实行开放**。大数据不仅是一种海量的数据状态和相应的数据处理技术，也是一项重要的基础设施。在科学数据方面，欧美国家建立了汇交、共享的开放平台和机制，同时还有科学数据的共享法律。公共数据的开放能够大大降低运营成本。但目前，我国公共数据资源太封闭，从源头上有碍于创新。我们要借鉴美国的做法,开放公共数据。现阶段,可以采取"阶段性逐步开放"策略,根据数据需求度、涉密度等多个因素,将数据划分为立即开放、短期内开放、计划开放、暂时无法开放四个类别。

第四,**用标准引领新一轮工业革命**。新一轮工业革命的本质是主导这个世界未来的工业标准之争。中国要高度重视标准化工作在产业发展中的引领作用,及时制定量化深度融合标准化路线图。着力实现标准的国际化,使得中国制定的标准得到国际上的广泛采用,以夺取未来产业竞争的制高点和话语权。在推进战略性新兴产业标准化时,要突出标准的高技术性、协调性、动态性、开放性。

第五,**建立"从基础研究到产业化"的创新生态系统**。中国基础研究产业化率很低,仅是发达国家的25%;高校、科研院所科研成果转化率仅为10%左右,这是中国在创新方面的短板。为此我们可借鉴德国弗劳恩霍夫协会和美国《拜杜法案》的做法。德国弗劳恩霍夫协会是公益性、非营利的科研机构,为工业企业尤其是中小企业提供有偿的技术开发和技术转让。该协会年平均可为3000多家企业完成1万多项科研开发项目。1980年通过的美国《拜杜法案》专利制度,其根本目的是通过授予发明者一定的垄断权换取技术的公开,从而促使创新。目前,美国通过"制造创新网络计划",要建立15个全国性的制造业领域的产学研联合网络。中国也应该组建一个由高校、科研机构和工业企业的研究人员共同研发合作的平台,形成一批制造业创新中心,重点开展行业基础和共性关键技术研发工作,促进创新技术更"接地气"地与传统产业相结合。

(中共中央党校国家行政学院教授 董小君)

美、德、中谁将取得制造业主导权?

本文要点:中美贸易摩擦与博弈主要反映出了各大国对制造业主导权争夺问题。美国制造业模式是精英模式,走的是横向升级;德国模式则是工匠模式,在产业垂直升级方面优势明显;中国选取的是外延扩张型方式。从发展趋势看,美国、德国制造业发展能基于之前的成就,可继续在原来的高精尖道路上发力。中国制造业的跃迁压力巨大,原有模式和路径都需要转型。中国制造业的突破重在升级换代,未来中国制造业发展模式有可能是美国和德国两种方式的结合。同时,中国又可以在三个层面发力,通过多维层次的结合建立自身优势。

为了重塑制造业领先地位，德国和美国先后发力。例如，德国发布了《国家工业战略2030》，政府扶持关键工业部门，以提高德国工业全球竞争力；美国也发布了未来工业发展规划，意在确保美国主宰未来工业；中国在2018年年底召开的中央经济工作会议中将"推动制造业高质量发展"列为2019年七大重点工作任务的首位。在中美贸易摩擦以及美欧贸易博弈的背后，一场制造业主导权、领导地位的争夺已经拉开帷幕。

一 三种模式之间的比较

（一）美国模式：精英模式+横向升级

20世纪后半期，由于信息技术世界的再分工，金融业全球膨胀和制造业外迁成为美国的两大特征，美国走上了经济金融化的发展道路。从发展路径看，金融业增加值占美国GDP的比重由1980年的4.80%上升到2016年的7.30%。金融业、保险业和房地产业构成的"泛金融部门"的增加值对GDP贡献率从1980年的15.70%上升到2016年的20.56%。与此形成鲜明对照的是，制造业的占比呈持续下降趋势，从1980年的20.46%下降到2016年的11.71%。金融业完全超越制造业成为美国经济最重要的驱动力之一。但金融危机后美国的"再工业化"将目标仍定位在高精尖部门，意在促使新的技术（如3D打印、传感器等技术）与清洁能源技术、医疗卫生、环境与气候变化、材料等领域全面结合。

（二）德国模式：工匠模式+产业垂直升级

以制造业作为经济脊梁的德国，其金融、教育、社会福利体系等诸多方面都围绕着制造业这个"定海神针"。具体来说，银行而非证券业占据金融领域的头把交椅，银行倾向于向中小企业贷款的特征在世界上独树一帜。此外，双元制教育开启"工匠要从娃娃抓起"的同时，也将"服务工厂"打造成青年人择业的重要选择,"十几岁进入工厂当学徒,获得职业技术执照后只专注在一颗螺丝钉上"是他们职业生涯的普遍写照。由此可见,德国提出以物联网为关键词的"工业4.0"是在工业1.0、2.0、3.0并联式发展之后的又一次飞跃。

(三)中国模式:由低到高+外延型扩张

过去,中国模式曾出现过"环境透支、劳动力透支、资源透支"等问题,但这些问题已引起充分重视并被不断解决。在快速发展过程中,投资、资源、政府强大的组织能力是中国制造业崛起的重大推动力。一方面,中国在制造技术上从低端切入,依靠低价扩大市场优势,但与德、美的高精尖产业拉开了差距;另一方面,中国拥有世界上最齐全的产业链,小到义乌琳琅满目的商品,大到高铁、大型民用飞机、核电设备,可谓将外延式扩张发挥到了极致。但在转型发展压力下,中国发展规划结合"一带一路"建设项目的推进,中国制造业正处于由大到强的转型进程中。

二 中国制造业的困难与空间

如果说,美国、德国制造业发展因袭此前的成就可继续在原来的高精尖道路上发力,那么中国制造业的跃迁则面临着巨大压力,毕竟旧模式路径不可持续,在经济发展动能转换与交替条件下,中国制造业正处于转型之中,未来中国或是美、德模式的综合体。

第一,**环境、人口、就业等因素促使中国制造业必须走转型升级之路**。一则是环境、人口等无法支撑低端制造业的发展;二则是大国发展需要在高精尖领域获得一席之地。因此,中国制造业注定要在产业纵深上实现突围,实现转型升级。

此外,中国的就业压力注定不可能仅靠"高精尖"一条腿走路，还需借助创新来实现并创造新的行业、企业，在吸纳就业的同时也获得经济上升的动力。

第二，**美国与德国模式的综合体意味着中国须探寻制造业的内生增长模式**。"工匠精神"让德国在2008年国际金融危机中迅速恢复,"创新精神"则帮助美国实现了一定程度的复苏。对中国而言，我们借助WTO使得制造业获得了今日的体量，但低端制造业也必须进行升级换代，倒逼之下"追求卓越"成为企业不得不进行的选择。

另一个重要的变化是，过去企业"创新"得到银行资金支持比较困难，而如今服务于创业群体的金融平台雏形渐现。从私募股权投资、风险投资到新三板、创业板再到产业引导基金、互联网金融，中国已经拥有了一条完整的金融链条，并且在推动制造业发展中发挥日益重要的作用。

三 全球制造业大格局

世界三个主要制造业强国的不同模式选择，必然影响到全球产业尤其是制造业活动的空间分布，甚至会影响各国经济结构的调整，问题是谁将实现引领全球制造业的发展？

从未来工厂的流程中或可寻觅到思路：当需要一辆汽车，只需要打开APP，输入定制化要求，信息就会发送给工厂，工厂将产品种种特性转化成数据，然后通过计算来安排物料的配送、零件的打磨以及机器的组装。其中，最重要的内容是这条流水线上每个元件都是按照个性化需求生产并且有自己的身份信息。流程中三个核心因子有：实现个性化生产的机器设备、实现机器智能化的硬件及软件系统、能监测并分析大数据的技术。

以此观之，**美国是工业3.0信息革命时代的集大成者**，从国际商业机器公司（IBM）、戴尔（Dell）等硬件公司到英特尔

（Intel）软件公司，再到易贝（eBay）、谷歌（Google）等互联网公司无一例外地被美国囊括，得益于此，美国也成为全球的"数据中心"。**德国在高端机器设备上的竞争力颇具优势**，而**中国的全产业优势**为其在设备、软件、数据三方面就地取材、整装待发提供了便利，互联网等的弯道超车为其在数据方面提供了突破口。相比较而言，中国在设备精度、软件上与德国存在一定差距。

在"得数据者得天下"的工业浪潮之下，按照目前形势，如果说未来世界是一个"人体"，那么美国是大脑，德国是心脏，中国就是四肢。当然，世界各国发展并非亘古不变，国家的竞争追根溯源还在于企业、产业的竞争。

四 中国制造业可发力的三个层面

鉴于制造业竞争格局及中国制造业自身的特点，单一维度的优势难以建起制造业的"护城河"，未来中国制造业的成功之道在于以下三个层面的多维结合：

第一层面：基础＋专业＋资本＋国策。

核心基础零部件、关键基础材料等工业基础能力，决定了一个国家制造业的整体素质和核心竞争力。有了基础能力，要摆脱价值的"洼地"，还需要更专业的知识和技术对制造业进行转型升级。转型升级所依赖的技术创新具有高投入、高风险的特征，倘若仅依靠企业之力，很难保证投入的持续性，成果转化效果自然也会大打折扣，所以国家政策支持是制造业发展的重要推动力，例如韩国制造业的发展便是得益于政府从财税减免、制造业技术引进及自主开发优惠、政府采购政策等多方面的扶持。有了产业基础和专业技术，再加上资本和国策的保障，将对制造业的发展起到催化作用。

第二层面：科学家+企业家+匠人+战略家。

当传统工业经济日趋到位成熟，大量的机会窗口也会随之关闭，原先靠勇气和机遇而起的企业家成功模式再难复制，技术变革开启的新经济时代已经来临。要在制造业领域独占鳌头，除了企业家的敏锐嗅觉和冒险精神外，还需要科学家的创新能力，不断地去研发和探索，又要有匠人的专注，转型和创新都离不开持续的执着攻关与积累。此外，战略家的眼光同样不可或缺，企业的经营管理靠的是一套复杂的综合性战略，战略方向错了，再先进的技术也无济于事。例如日本老牌家电巨头东芝，因其在核电领域扩张的战略方向性错误，导致其传统主营领域阵地也不断"沦陷"，如今已资不抵债。凭着科学家对未来趋势的洞见、企业家对普遍规律的敏锐捕捉、匠人对品质的精益求精以及战略家全方位的审时度势，才更可能实现制造业"做大做强"的目标。

第三层面：融会贯通+高低兼顾。

制造业智能化浪潮已经来袭，传统的"劳动生产率"正逐步被"信息生产率"所取代，只有将信息、数据、设备、应用等各方面综合融通，将制造技术、新能源、新材料、生物技术等交叉融合，使新技术与老技术、新领域与旧领域充分地融会贯通，才能适应新的发展趋势。对于中国制造业来说，我们前有发达国家的贸易壁垒与技术鸿沟，后有低成本地区的"追兵"。在多方掣肘的情况下，要实现突围，中国制造既要咬紧中低端优势不放松，又要向极端制造、超微制造、精密制造、超大型设备制造等领域持续发力，在融会贯通、高低兼顾中实现制造业的飞跃式发展。

（中国经济体制改革研究会副会长　王德培）

牢牢把握智能时代国际生产分工的主动权

本文要点：人类社会即将进入"智能时代"，人工智能正在重塑全球价值链体系的分工模式。未来的国际生产分工将呈现柔性化、扁平化、速度化、去中心化、云团化等特征，制造业与服务业将实现高度融合。目前，中国在价值链中面临着低端锁定与高端封锁，如何把握未来国际分工的主动权是中国面临的重大议题。本文建议应充分发挥中国在人工智能应用场景领域的规模优势，大力发展智能工厂，改变学科设置，加快区块链技术研究，完善人工智能基础设施，推进"微笑曲线"生产制造环节的低端攀升。

一 智能时代国际生产分工的未来图景

当前,世界正迎来以人工智能为主要标志的第四次科技革命。随着互联网算法的进一步提高,机器不但能按照指令完成指定任务,还能进行机器学习、仿真模拟和信息交互。人工智能已经渗透到各层级的产业模块,深度嵌入了全球生产网络中的研发、生产、运输、交换、营销等环节,催生了一系列的新技术、新产业和新业态。智能时代的国际生产分工将呈现出以下演变趋势:

一是**国际生产分工由规模化生产向"柔性化"生产演变**。全球价值链由以往消费者和生产者双轮驱动转向以消费者驱动为主导,消费者和市场需求成为全球生产网络中的核心环节,消费者通过"用户体验"直接介入产品"研发—生产—运输—消费"的全过程。随着消费结构升级,消费者对个性化、定制化、时效性、体验感提出更高要求,能够满足"高频率、多样性、小规模"的"柔性化"生产模式应运而生。建立在人工智能基础之上的"柔性化"生产将成为企业参与全球生产分工的主要模式。

二是**国际生产分工由垂直分工向扁平化方向演变,"蛇形"价值链分工逐渐向"蛛网型"价值链迈进**。传统垂直专业化分工主要以多节点流线型生产为主,不同国家依据比较优势占据全球供应链的不同位置。随着跨境电商的兴起,全球价值链的架构随之改变,价值链上下游的交易关系趋于扁平化,中间交易环节明显减少,制造商直接连接消费者。

三是**国际生产分工向"去中心化"和"多中心化"方向演变,"微笑曲线"趋向扁平化**。传统价值链的上游研发环节和下游营销环节是核心环节,位于价值链中游的生产制造环节附加值相对较低。人工智能会提升"微笑曲线"中游环节的附加值,进而实现价值链的"去中心化"。信息共享机制和信任体系的构建是提升全球价值链各环节效率的关键。由于信息不对称和缺乏信任，跨国公司主导的传统价值链体系往往不能实现效率最大化，而区块链技术可以解决价值链体系中节点的信任问题，由此人工智能能够显著提高信息流通的效率和质量。

四是**国际生产分工从规模经济向速度经济演变，全球价值链响应时间变得越发重要**。在信息、技术和运输等高速发展的催生下，时间将成为成本管控的第一要素，国际生产分工的规模经济模式向速度经济模式转变，企业的先发能力、应变能力、流程再造能力等综合协作能力将成为企业竞争力的核心因素。除了降低传统意义上的生产成本外，产品的及时交付能力将成为企业深度嵌入全球价值链体系的关键所在。

五是**产业分工将呈现"云团化"特征**。全球技术创新链由线性模式向网络模式演进。制造业是技术创新最活跃的产业，生产模式、产业业态和分工格局不断变革。创新载体由独立性企业向跨领域、多主体、协同性、网络化创新体系转变。许多互联网公司充分利用在下游收集的客户信息和消费者偏好，不断向上游渗透，加入新型智能硬件设备和服务型制造等新兴领域的竞争，布局新型智能硬件制造环节。在传统国际分工中，企业专业化生产全球价值链中的某一环节，而未来的全球价值链分工将会呈现"云团化"趋势，企业不仅专注于某一细分产品的生产，而且通过大数据和云计算深度参与到上下游环节，衍生出一系列产业链条，利用信息技术快速实现产业链条的跨越式升级。

六是**制造业与服务化的融合趋势越发明显**。工业革命以来的数百年间，技术进步推动服务业和制造业的专业化生产，促使服务业特别是金融、电信、分销、运输等生产性服务业从制造业中分离出来，服务业为制造业提供支撑，制造业为服务业提供需求。在新一轮科技革命的背景下，以互联网为纽带，服务业和制造业呈现高层次融合的趋势，服务业与制造业的边界逐渐消失，产业链、供应链、价值链实现了深度融合，制造者不单提供产品，更要负责产品的"全生命周期"。制造业服务化可以通过上、中、下游的价值链延伸，增加服务中间投入品的种类，降低企业生产管理成本，提高企业研发与自主创新能力，扩大营销渠道，提升制造业企业的出口附加值。

二 把握人工智能时代国际分工的主动权

人工智能的实施主要依赖于应用场景。作为全球人口最多、制造业规模最大的国家，尽管在部分核心技术上的领先优势不足，但中国仍是全球最大的人工智能应用市场，具有应用场景上的绝对优势。近年来，以商业应用为引领，中国实现了人工智能市场化应用的高速发展。颠覆性技术的突破不仅会导致全球价值链的深度重构，也会助力新兴经济体实现"弯道超车"。中国应牢牢抓住新科技革命开启的"机会窗口"，全面深化改革，破除体制障碍，增强政策制定的精准性和引导性，提高生产要素配置效率。企业应及时抢占商业模式的重构先机，推动人工智能与场景创新的高度融合，实现与第四次科技浪潮的同频共振。

第一，**大力发展智能工厂，占领国际分工制高点**。加大对智能工厂的宣传力度，让社会和企业认识到智能工厂并非传统上的高端自动化工厂而是先进的智能化系统。打造智能工厂示范区，重点在电子信息、医药、家具、服装、娱乐等行业开展智能工厂试验。根据行业类别的不同实施有区别的引导措施，在汽车、电器、电子信息等行业从提高生产效率向智能化转变；在服装、家居等行业从个性化生产向智能化转变。强化智能装备、新型传感器等设备的研发，制定智能工厂技术标准体系，出台智能工厂发展的财税金融上的政策支持。

第二，**依托人工智能、大数据、工业互联网等新一代科技突**

破性技术，推进制造业和服务业融合。应继续推进"放管服"改革，营造宽松环境，降低市场准入门槛，消除服务业和制造业在税收等政策待遇上的差异，打破行业或区域间的壁垒，降低制造业和服务业融合成本。鼓励先进制造业和现代服务业融合，加大财税金融等政策支持力度，引导制造业发展研发设计、品牌运作、市场拓展等服务，鼓励制造业企业剥离服务部门，发展生产性服务。工业互联网是新一轮工业革命的关键基础设施，应大力发展工业互联网平台，完善体系设计，制定相关技术标准，鼓励各领域、各行业推进"互联网+"，推动制造业和服务业进一步融合。

第三，**优化跨境电商发展环境，建立适应跨境电商特点的体制机制**。跨境电商增长潜力巨大，应对其加大知识产权保护力度，加强产品质量监管，完善海关监管制度、检验检疫制度，提高通关效率。加大财税金融政策支持力度，对从事跨境电商的小微企业和高技术企业采取税收优惠措施，引导金融机构对跨境电商开展金融服务，针对跨境电商特点创新融资模式，鼓励符合条件的跨境电商上市。利用"一带一路"政策红利发展跨境电商，鼓励跨境电商采用新技术、新模式，助力我国价值链升级。

第四，**布局区块链产业，制定相关法规与标准**。由于区块链技术的应用尚处于探索阶段，我国应提前布局，研究区块链在各行业应用的可行性。区块链可能会带来司法管辖、法律适用以及隐私监管等问题，我国需要在这一领域前瞻性地进行立法。做好区块链技术标准和规则研究，提出中国方案，提高规则制定权和国际话语权。引导区块链产业发展，将区块链与大数据、人工智能、物联网等技术结合，支持其在商业领域应用，推动商业模式创新。加快智能合约在金融、贸易、供应链、物联网中的应用，利用智能合约解决全球价值链上的道德风险和信息不对称问题。

第五，**加大人力资本投入，构建普通高等教育人工智能学科体系**。随着人工智能的发展，自动化成本不断降低，甚至未来可能会出现"无人工厂"。我国要想把握智能时代的发展，必须投资于人力资本，培养人工智能专业人才，如机器学习工程师、数据科学家、视觉工程师以及人工智能维护师等，建立与人工智能相适应的教育体系，将人工智能纳入其他领域专业学习，培养适应智能时代的通用人才。随着智能时代的到来，各行业对劳动力的需求将会不断变化，需要完善职业培训体系，将人工智能技术应用于职业培训，适应智能时代不同的学习需求，将职业培训模式与终身学习结合，提高我国劳动力在智能时代的竞争力。

第六，**完善人工智能基础设施，加快推进5G网络应用，发展人工智能开放平台，建立行业大数据中心**。人工智能开发应用技术门槛较高，具有明显的规模效应，应大力发展人工智能开放平台，将其打造成上下游企业的合作纽带，构建网络化创新体系，助力传统企业转型升级。人工智能在各领域的应用需要海量的数据，传统数据库难以满足需求。我国虽然在人工智能技术领域相对落后，但在大数据的规模和应用上具有明显优势，可充分利用这一优势在各行业建立大数据中心，如建立工业大数据中心，利用人工智能分析市场需求，调整研发和生产，提升全球竞争力。

（对外经济贸易大学中国WTO研究院院长、研究员　屠新泉
　对外经济贸易大学国家对外开放研究院副研究员　刘斌）

以人工智能科技创新推进经济高质量发展

本文要点： 高质量发展本质上是以新科技产业革命为驱动力的生产力和生产关系的重构，是中国特色社会主义经济发展的新阶段。作为第四次工业革命的引擎，人工智能科技与实体经济的融合发展，将极大提高劳动生产率水平，实现劳动分工的日益细化、经济体系的复杂化和经济产出的高效，是我国跨越"中等收入陷阱"的关键支撑。以人工智能科技产业为引领的第四次工业革命与中国经济转型升级的共生共融，是高质量发展的逻辑主线。在国家战略的引领下，市场需求的强力牵引、产学研协同创新机制的形成、高度开放的创新生态系统和地方政府的积极响应，正在构成我国人工智能科技产业发展的协同推进机制。

在经历了长达30多年的高速经济增长阶段之后，我国经济进入高质量发展阶段。与高速增长阶段不同，实现从制造经济向创新经济的转型升级，建设成为创新型国家，是实现高质量发展的根本目标。因而，创新是高质量发展的根本驱动力。

一 高质量发展是基于第四次工业革命的生产力与生产关系的重构

改革开放以来，我国实现了长达30多年的高速经济增长，根本原因在于我们充分利用了经济全球化背景下第二次和第三次工业革命技术扩散带来的历史机遇，积极实施市场取向的改革和对外开放政策，通过标准化生产技术和成熟产品的引进与要素资源相结合，实现了生产力和生产关系的重构。包括社会主义初级阶段、有计划商品经济和社会主义市场经济在内的概念的提出，在高速增长阶段生产力和生产关系重构过程中发挥了引领作用。

与高速增长阶段相比，**高质量发展的基础是第四次工业革命的发生和发展**。通过不断深化改革，推动经济体系的高水平开放，实现第四次工业革命与经济转型升级的共生共融，是实现我国高质量发展的逻辑主线。因而，高质量发展在本质上是基于第四次工业革命科技浪潮的生产力和生产关系重构过程中创造出的新经济形态。

人工智能科技产业是第四次工业革命发生和发展的引领者。在人工智能引领第四次工业革命的过程中，不仅需要全球的市场条件和高度开放的创新生态系统，而且需要与之相适应的组织和制度创新。因而，实现经济高质量发展包括三个方面的基本内涵：一是以人工智能科技产业发展为引领，实现第四次工业革命在我国率先发生和发展，推动劳动生产率的快速提升、产业结构的深度调整、经济体系的高级化和复杂化程度的整体跃升；二是经济体系的高水平开放，积极开拓新兴市场，引领世界经济的发展和治理体系的构建，推动全球经济的健康发展；三是激发与之相适应的组织和制度创新浪潮。尤其是通过组织和制度创新，构筑中国特色社会主义经济发展模式的体制优势。

二　人工智能科技产业引领高质量发展

从经济发展的历史看，每一次生产力和生产关系的重大重构过程都与工业革命共生共融。蒸汽机的发明，使人类生产活动不仅摆脱了在水力和风力丰沛地区设厂的地理限制，而且改善了交通运输条件和扩展了市场空间。同样，电力在生产过程中的使用，创造了福特制流水线生产。在组织和制度层面，与第一次工业革命相适应的是工厂制和自由市场制度，与第二次工业革命相伴随的则是纵向一体化大企业、垄断资本主义和福利国家制度。

在基于工业革命的生产力和生产关系重构过程中，首先是新兴科技的产业化和新兴产业的兴起和发展。新兴科技和产业发展为工业革命提供作为中间投入品的"关键生产要素"。其次，投入"关键生产要素"改造现有产业，推动产业结构调整和经济转型升级。两个产业部门的良性互动，共同创造经济发展新模式、新阶段和新形态的技术、组织和制度体系。

与前三次工业革命不同，第四次工业革命以网络空间的发展为基础。网络空间与物理和社会空间的互动，能够有效映射物与物、人与物和人与人之间的相互联系和作用的内容和规则，所带来的实时在线可共享数据为人工智能科技产业的发展创造了条件。与用计算机模拟人的智能的 AI 1.0 不同，新一代人工智能（AI 2.0）属于基于网络空间的数据智能。随着人工智能科技产业的发展，人类经济活动中最为稀缺的数据和计算将成为廉价投入要素。同时，基于网络空间的无限连接开启了知识创造的无限可能，使创新活动成为现实经济的主导者。因而，作为新经济形态，**以人工智能科技产业发展为引领的高质量发展，不仅是数据和计算驱动的资源高效配置型经济，而且是以创新为主导的创新经济**。

率先引领第四次科技产业革命的发生和发展，成长为具有全球影响力的科技创新中心，是我国高质量发展的基本目标。如果说基于网络空间的智能科技产业发展是第四次工业革命引领的话，**第四次工业革命事实上已经在中国率先发生和发展**。推动人工智能科技与实体经济的融合发展，形成科技创新与产业发展之间的良性互动，是我国成长为具有全球影响力的科技创新中心的关键。

人工智能科技产业首先发生在一个特定的领域，形成相对封闭的核心产业部门。核心产业部门主要由基础层和技术层企业组成。在核心技术成熟之后，通过与经济和社会的融合，出现融合产业部门。融合产业部门主要由应用层企业构成。其中，融合产业部门的出现和发展，不仅是人工智能技术成就的标志，而且是实现经济结构的转型和升级的主导力量。无论在哪个阶段，创造出与人工智能科技产业发展相适应的市场条件，是生产力和生产关系重构的基本条件。

中国互联网信息中心（CNNIC）2018年发布的《中国互联网络发展状况统计报告》显示，我国网民规模达到8.02亿，互联网普及率为57.7%，其中手机网民规模达到7.88亿，网民通过手机接入互联网的比例高达98.3%。互联网的普及带来了数字和智能技术的广泛应用，交通、环保、金融、医疗和家电等行业出现了与互联网深度融合的趋势。

中国新一代人工智能发展战略研究院发布的《中国新一代人工智能科技产业发展报告（2019）》显示，我国的人工智能科技产业已经广泛存在于包括智能制造、数字内容和新媒体、科技金融、智能城市、智能安防和智能政务在内的18个应用领域。通过与实体经济的融合发展，**人工智能不仅推动了产业结构的优化升级，而且带来了新技术、新产品、新产业、新业态和新模式，极大地解放和发展了生产力，促进了我国经济的组织和制度创新。

三 加快形成人工智能科技产业协同创新推动机制

伴随着网络空间的发展及其与物理和社会空间的互动，人工智能科技产业首先在包括新媒体、社交和电子商务在内的服务业出现，正在逐步向制造业拓展。与服务业发展不同，无论从数据生态还是从算力和算法看，人工智能在制造业领域的发展都具有更高的复杂性和不确定性。其中，"数据孤岛"、应用场景开放和新计算技术体系的成熟，都是人工智能与实体经济深度融合的关键制约因素。如何形成促进人工智能科技产业发展的协同创新推动机制，是加快产业发展的突破口。协同创新推动机制不仅包括国家的战略引领，而且包括产学研用的协同创新、市场需求的强力牵引、高度开放的创新生态系统和地方政府的积极响应。

第一，加快智能科技创新区建设。与传统的工业园区和科技创新园区的根本不同在于，人工智能创新区规划和建设的重点是网络空间，而不是物理空间。因而，智能科技创新区不需要太大的物理空间，要建在商务配套环境良好和人才资源密集的城市中心区和次中心区。通过智能科技创新区建设，在集聚核心产业部门企业的同时，探索制度创新的新路子，推动人工智能与实体经济的融合发展。

第二，因为特定应用场景下技术体系的专用性和复杂性，**选择若干制造业、服务业和政务部门作为重点领域，集聚科技创新资源，在推动人工智能与实体经济的深度融合的同时，通过应用拉动源头创新**。

第三，形成高度开放的创新生态系统。无论从核心人力资本的来源还是从技术输入情况看，目前我国的人工智能科技产业的创新生态系统都是高度开放的。人工智能科技产业创新生态系统不仅包括西方发达国家，而且包括发展中国家。通过服务、技术和知识的在线化，与传统经济相比，基于网络空间的资源配置方式摆脱了资源配置过程中的物理和社会空间限制，实现了"中枢神经"无限延展和"地球村"的实现。

第四，把人工智能技术作为普惠技术，制定数字化反贫困战略，把人工智能技术普及到欠发达和贫困地区。如果说前期的贫困是欠发达地区工业化滞后导致的，那么在数字化和智能化社会加速到来的今天，数字化和智能化的滞后可能带来新的贫困现象。**在欠发达和贫困地区及早布局人工智能科技产业，是避免重复贫困化的前瞻性战略举措**。

第五，注重基础研发和人才培养。从现有的统计数据看，在人工智能的专利申请中，美国在基础领域拥有明显的优势，中国则在应用领域具有优势。加强人工智能基础研究领域的科技创新水平和能力，是人工智能科技产业发展的基础。同时，在人才培养方面，要加快建立与人工智能科技产业发展相适应的学科和人才培养体系，为人工智能科技产业的发展提供源源不断的人力资本支持。

（南开大学经济研究所所长　刘刚）

以新科技革命为契机优化知识产权制度

本文要点：世界经济增长的原动力正在由技术知识转向并让位于知识产权，世界经济增长正在演进为"资源驱动—资本驱动—技术驱动—知识产权驱动"的升级版模式。在以新科技革命为背景的新时代，自主创新和开放创新构成了科技创新的重要因素。要以新科技革命为契机，进一步优化知识产权制度，既要保障自主创新，更要有利于开放合作，为利用全球创新资源开发自主的颠覆性创新营造良好环境。提高执法效率并进行严格保护，而不是一味地提高标准，这应是优化知识产权制度的关键。

一 知识产权制度孕育并推动了科技革命

设立知识产权制度的初衷和根本目的是激励对创新的投入，推动创新的应用传播，从而促进经济的增长与社会的发展。历史的事实表明，不断变革和优化的知识产权制度推动了科技和社会经济的发展。

第一次科技革命使人类迈入"机器时代"，标志性的发明包括飞梭、珍妮纺纱机和改良型瓦特蒸汽机等。事实表明，第一次科技革命的发生和发展，与以排他性和独占权利为基础的现代专利制度的建立存在着密切关系。现代专利制度的建立，公开披露并保护技术，技术因此得到积累和传播。

19世纪60年代后期，**第二次科技革命使人类社会开始了"电气时代"**。从此，引领科技革命的科技创新活动开始突破国家的界限。为了促进创新成果的跨国应用传播，《保护工业产权巴黎公约》《保护文学和艺术作品伯尔尼公约》等一系列知识产权国际公约陆续问世，以国民待遇、优先权等原则构筑了开放包容的国际知识产权制度框架，有力地保障和推动了第二次科技革命在欧洲、美国、日本等国家和地区的迅速扩张。

20世纪50年代开始的**第三次科技革命使人类从此进入"信息时代"**。第三次科技革命以原子能、电子计算机、空间技术和生物工程的发明为标志，大大地促进了全球化的进程，知识产权与国际经济技术贸易联系日益紧密，WTO《与贸易有关的知识产权协定》（TRIPs）应运而生。

虽然第三次科技革命仍方兴未艾，但以无人交通工具、人工智能等数字技术为依托的**新一轮科技革命汹涌而至，人类又开始迈入"人工智能时代"**。以人工智能为代表的新科技革命是一个物联网的时代，更是自主创新和开放创新并驾齐驱的时代，知识产权制度又面临着新变革的挑战和机遇。

二 不断优化的知识产权制度对经济的贡献日益增大

理论研究表明,获得知识产权法独占性权利保护的创新是创新的增量,更是各国科技与经济竞争力的核心资源,**知识产权的广泛应用在全球化市场和科技革命发展中的经济贡献日益增大**。知识产权已成为重要的生产要素,获得了知识产权法保护的技术知识才是市场经济认可的创新,体现为知识产权的创新才是真正有意义的创新,才是全球化市场经济中创新的真正有效增量。没有获得知识产权的创新是公有领域的创新,是创新增量的基数和来源。世界经济增长的原动力正在由技术知识让位于知识产权,**世界经济增长正在演进为"资源驱动—资本驱动—技术驱动—知识产权驱动"的升级版模式**。

知识产权的经济贡献,一直是各国决策制定者和理论界关注的重要议题。众多的研究报告都间接地定性论证了知识产权对经济增长的正相关关系。2012年4月,美国商务部联合美国专利商标局发布了《知识产权与美国经济:产业聚焦》报告。报告以知识产权密集型产业为突破口,从统计学的角度比较可靠地测度和论证了知识产权与经济增长的关系。这份报告发现,2010年知识产权密集型产业对美国GDP的贡献率为34.8%;直接和间接贡献了约4000万个就业机会,贡献率达到27.7%。报告还强调,**知识产权是美国经济保持全球领先的希望所在**。2013年9月,欧洲专利局和内部市场协调局也共同发布了《知识产权密集型产业对欧盟经济及就业的贡献》的报告。报告显示,2008—2010年,欧盟知识产权密集型产业对GDP贡献率为39%;直接和间接贡献了约7600万个就业岗位,就业贡献率高达35.1%。

2016年，美国和欧盟又相继发布新版知识产权密集型产业研究报告：《知识产权与美国经济：2016更新版》和《知识产权密集型产业及其在欧盟的经济表现》。这两份新报告得出几乎一致的结论：**知识产权对美欧的经济和就业贡献率进一步提高，知识产权密集型产业结构将继续优化**。知识产权密集型产业对经济的贡献，已经成为广为认可的测度和表征知识产权经济贡献的重要指标。

改革开放以来，我国逐步建立了与国际接轨的知识产权制度，有力推动了社会经济的发展。尤其是加入WTO以来，中国的知识产权制度建设取得了巨大成就，已成为名副其实的知识产权大国，正在迈向知识产权强国。2016年10月，国家知识产权局印发了《专利密集型产业目录》，该目录显示，**我国专利密集型产业经济拉动能力强，极具市场竞争优势和创新活力**。据最新数据显示，2010—2014年，我国专利密集型产业产值占GDP比重为11.0%。截至2018年年初的数据显示，我国专利密集型产业增加值占GDP比重已达12.4%，并逐年提升。除专利密集型产业之外，中国新闻出版研究院也发布了"2016年中国版权产业经济贡献"的调研成果。调研结果显示，2016年，我国版权产业实现行业增加值占GDP的比重为7.33%；版权产业城镇单位就业人数占全国城镇单位就业总人数的9.35%。版权产业在我国经济发展、就业和扩大对外贸易中也做出了重要贡献。

三 以新科技革命为契机进一步优化知识产权制度

科技革命是以一些颠覆性创新为标志，不断改变着人类社会的生产、商业和消费方式，由此推动社会经济的进步。因此，必须准确把握颠覆性创新的发展趋势，对社会经济结构的影响路径，以及由此而引发的生产、商业和消费模式的变化规律。所谓颠覆性创新，是指一种颠覆了某一行业主流产品和市场格局的技术。颠覆性创新是一个与时俱进的概念，带来的社会变革和经济推动力往往是难以预料的，在一代创新技术中取得的成功并不能保证在下一轮竞争中仍能获得成功。

首先，**颠覆性创新深刻影响国家的竞争力**。由于颠覆性创新容易造成技术突袭，改变游戏规则，为实现科技的弯道超车带来机遇，因此受到广泛关注。特别值得关注的是，世界知识产权组织发布的《2015年世界知识产权报告：突破式创新与经济增长》认为，**第二次世界大战以后世界经济出现了飞速增长，主要原因是创新推动了经济增长，而知识产权制度在其中起到了重要作用**。

其次，在以往的历次科技革命中，我们都是被动旁观者，而**对于正在来临的第四次科技革命，我们已不再旁观**。经过改革开放40余年的发展，我们具备了高科技研发的基础，并在某些领域开始形成竞争力。2017年，欧洲专利局联合德国商报研究所发布了《专利与第四次工业革命——数字转化背后的发明》报告，报告分析认为，**欧洲、美国和日本是第四次科技革命的领导者，中国和韩国起步虽晚，但却是迅速的追赶者**。不过我们应清醒地认识到，虽然中国与韩国发展速度远超其他地区，在通信技术领域的创新技术发展快速，但也过于集中在狭小的领域内。而同一时期，大多数欧洲专利局成员国及美国和日本与第四次科技革命相关的专利申请却表现出了多样性，领域宽广。对此，我们必须抓住第四次科技革命的机遇，不断创造出5G式颠覆性创新，**构建并优化新时代知识产权制度，助力占领新科技革命的制高点**。

再次，不同于以往历次仅由极少数乃至单个国家拥有颠覆性创新的科技革命，**新科技革命的颠覆性创新是由多个国家分享的，具有多主体性**。新科技革命赋予了我们机遇，我们开始分享部分颠覆性创新。由此，在以新科技革命为背景的新时代，自主创新和开放创新必然构成了我们在科技创新领域的一对主旋律。为此，**优化的知识产权制度，既要保障自主创新，更要有利于开放合作**，为利用全球创新资源开发自主的颠覆性创新营造良好环境。一方面，必须从根本上掌握部分颠覆性创新，这就需要大力提倡自主创新；但新科技革命的多主体性表明，各国对于颠覆性创新相互依赖，这又要求坚持开放创新。另一方面，如果不完全控制部分颠覆性创新，就会失去与其他主体交换颠覆性创新的筹码，也会最终丧失抓住新科技革命的机遇。加大开放合作需要格外警惕的是，防止与世界科技脱钩。提高执法效率，严格保护，而不是一味地提高保护标准，这才是优化知识产权制度的关键所在。

最后，**高价值的知识产权是应用广泛、经济贡献高的知识产权。优化知识产权制度应推动知识产权的转化应用，大力培育知识产权密集型产业，优化其结构，大幅提高其经济贡献率**。知识产权密集型产业是创新的活跃区，更是创新的增产田。但知识产权密集型产业不是固定不变的，哪里是科技发展的前沿，哪里创新就活跃，哪里就会有知识产权密集型产业。培育知识产权密集型产业应优化其布局，培育良好的法治环境，制定充满活力的知识产权公共政策，由此扩大其经济贡献。应与时俱进地调整知识产权相关公关政策，改革各类涉及知识产权的绩效考核、知识产权示范和试点企业评选标准等。

（同济大学上海国际知识产权学院院长、教授　单晓光）

中国工业如何实现高质量发展？
——基于日本产业转型的经验视角

本文要点：工业的高质量发展对于一国而言，本质上是一个产业体系整体的结构变革过程。国际产业实践证明，脱离结构性变革的高质量发展是不可能持续的，后起国家建设现代化强国的过程也是一个重要的工业化学习过程。作为后起的工业大国，我们要在工业化先行国家的实践中学习与认识工业高质量发展的规律性，从中国的国情出发，切实重视传统产业的改造这一发展的薄弱环节及其转型路径，从根本上激发企业的本源性创新自觉与创新动力，从而实现工业的高质量发展。

一　究竟什么样的发展才是工业的高质量发展？

（一）深刻的转型与国际变局给中国产业提出的现时拷问

大力推进工业的高质量发展，是我国应对外部冲击、破解内部转型难题的正确发展方向。因此，我们有必要思考"**什么才是工业的高质量发展？**"

是加快发展高科技产业吗？回答是肯定的。以大力发展高科技产业来引领中国工业的高质量发展，是当前中国发展的一件最重要事情。

是发展新产业、新业态吗？显然也是。中国作为发展中国家，要追赶上工业发达国家还有很长一段路要走。但是在新的产业、新业态的发展中，我们却有可能与前者处于同一起跑线上。但作为一个发展中的工业大国，传统产业和新兴产业的长期共存与融合发展，应当是我们现实的选择。

（二）高质量发展必须清除的一种认识性障碍

在相当的一段时间里，人们对上述问题存在着事实上的认识偏差，即并没有把先进制造业视作通过各制造环节的高科技应用而实现优质、高效、清洁、低耗的制造业整体，这是一个彼此存在有机联系的完整产业体系。与此相应，才会有认识迷茫，形成"转型"就是对传统产业"关停并转"，投资即等同于对高新技术企业的单一投入。才会出现一些地方政府一味热衷于高科技产业发展，以致无论是否具有资源、技术与人才优势就一拥而上，而对符合本地实际的产业发展却不闻不问，从而造成严重的资源浪费和高度的产业结构同质化现象。

（三）认清中国工业高质量发展的基础与薄弱环节

要解决工业高质量发展存在的问题，首先要弄清楚中国工业高质量发展的基础与薄弱环节。在当前我国的产业发展格局中，占比80%以上的是传统产业，即"改造提升传统产业具有巨大的潜力与市场空间"。但人们远未认识到传统产业改造升级对中国增强国际竞争力和实现高质量发展的重大意义。中国不仅需要大力发展高科技主导的战略新兴产业，还需要下大力气从事高科技应用为主要环节的传统产业改造，获得制造业链条整体的协调与同步性发展。调查显示，数量多、涉及面广的传统产业改造，不仅是我国工业高质量发展的基础环节，也恰恰是发展的薄弱环节。

二 日本制造业的结构性变革与高质量发展

20世纪90年代泡沫经济破灭后，日本经济呈现的"缓行"状态并未改变其依然具有强大国际竞争力的事实。日本传统产业如何有效地实现高质量发展，是我们关注的重点。

（一）日本纤维工业的转型与变革轨迹

据统计，2016年日本纤维产业的企业数量为1.1万家，占制造企业整体的5.8%，产值3.3万亿日元，占制造业总产值的1.1%，就业人数23.6万人，占制造业总就业人数的3.1%。

1. 日本纤维工业的早期形成与发展

纤维工业是日本发展最早的产业部门。日本政府鼓励引进和开发现代技术，将发展纤维工业作为其殖产兴业的重要组成部分。以民营企业为基础发展起来的棉纺织业，在19世纪90年代已经创立了自己的纺织自动化技术，并面向亚洲出口原丝纱线。第一次世界大战时，日本成为最大的棉制品出口国，到第二次世界大战前其出口已占日本出口总额的20%。战后伴随日本经济的恢复，其纤维工业再度得到迅速的发展，一直到20世纪60年代始终作**为日本代表性的出口产业，在其工业与经济的增长中发挥着重要而积极的作用。**

2. 泡沫经济崩溃前的产业转型升级实践

日本纤维工业在创新推动下的结构调整与升级，在20世纪80年代中后期逐步完成。面对高速增长后的经济转型与日美纤维贸易摩擦，日本纤维工业进行了持续不断的变革，其调整战略和改造措施主要包括：一是通过采用先进工艺实现生产高速化、自动化；二是以开发高织纱和新型合成纤维为方向，实现产品的高品质化；三是开拓纺织以外的新领域，以及变革生产方式，实行"定制生产"；四是实施开发海外市场的国际战略。改革使日本纤维工业的素质获得了极大提升，**完成了从依靠低成本大量生产的出口型产业，向精加工、高附加价值出口产业的转型**。

3. 泡沫经济崩溃后其纤维工业的深层次变革

其一，提出确定战略实施协调机制，设立对技术方针达成共识的纤维产业技术战略委员会等一系列改革措施，通过制度性建设为纤维工业的深层次变革奠定坚实的基础；其二，以发挥其位于国际前沿的新材料技术、高附加值技术和环境应对技术三大优势，将工业创新与21世纪的社会目标融合；其三，利用制造新功能纤维、高性能纤维的产业强项，在重点开发新产品、新材料、新技术过程中，逐步实现从传统产业向高科技产业的蜕变。

（二）东丽公司转型升级与高质量发展的实现路径

1926年创立的东丽公司，是有代表性的日本合成纤维生产企业，同时又是以开发尖端材料闻名于世的高科技企业。它之所以能够顺利实现产业升级和高质量发展，其变革与创新路径方面的鲜明特点，值得我们重点关注与思考。

首先，**更新设备、调整组织、基于技术积累打造高质量产品，力争在传统的纤维领域获得国内与国际的最强竞争力**。东丽是在遭遇多次的生存危机与发展困境中，从最初的人造丝生产企业发展到今天在高端材料领域、生物医学领域均有建树的高端产品生产企业的。1985年"广场协议"后日元升值，带来出口方面的巨大冲击导致经营业绩下滑，但东丽公司没有放弃纤维的生产与经营，相反，它明确地提出"重新焕发合成纤维业务活力"的方针与措施，将纤维生产作为公司的重要增长极之一加以巩固与提升。

其次，**瞄准趋势、立足国情、采取恰当的技术路线与创新组织，适时开辟有前途的新领域，使企业站上高科技的前沿**。东丽的成长与变革始终是与企业的技术进步相联系的。凭借其建立的较为完备的研发体制，保障了东丽对本领域前沿技术趋势的准确把握。东丽的技术与产品的创新多是发生在其原有技术的延长线上。这样做的好处是创新基础扎实，优势具有传承性。使得它的新技术产品研发与生产既可以充分考虑其产业基础，又能兼顾到国内外市场的需求，从而使新业务的发展具有可持续性。

最后，**以工业创新为纽带，在处理传统业务与高科技业务的关系上，自然衔接、有机协调，在两大业务相互依存与相互促进中完成自身向高科技企业的历史蜕变**。在东丽90多年的发展历程中，纤维业务始终都处于核心业务的位置。而新业务突飞猛进的发展，又给传统业务的变革与提升创造了巨大的空间。

三　国际比较带给中国工业发展的实践启示

第一，**工业的高质量发展是与它的结构性变革紧密相连的**。产业的转型升级与企业的结构变革，在本质上就是一个实现高质量发展的过程，并且这一理性发展，有可能带动创新与变革主体实现其历史性蜕变，因此是建设现代化工业强国的一条必经之路。

第二，**工业的高质量发展必须以企业的创新自觉为本源与根本动力**。只有当企业切身意识到工业高质量发展的必要性，调动起它所具有的一切可以利用的创新资源，主动参与到国家的战略性规划中或施行与国家的战略性目标相协调的行动，以企业创新为先锋和主导的工业高质量发展才能够真正得以实现。

第三，**工业的高质量发展作为一种事实上的企业创新活动，符合企业实际的创新发展路径，在发展成效方面的作用应被重视。**成功企业的有益经验包括：一是利用企业多年的技术积累，通过创新在自己最擅长的领域把产品与服务做到最优；二是在选择开拓战略性新业务时，注意把发挥自己原有的技术优势与反映时代潮流的新技术有机结合；三是在企业的整体布局与业务运营中，注意协调好既有业务与新开辟业务两者间发展的关系；四是在企业整体的创新活动中，处理好自主发展与融合发展的关系，力求在开放式发展中有序实现从传统企业向高科技企业的蜕变。

工业高质量发展，是一个后起工业大国走向现代化强国的必经历史阶段，同时也是一个产业演进与结构变迁的过程。如果我们能够从工业化先行者的产业实践中观察与认识事物发展的规律性，就相当于我们找到了进一步开放与融合式发展的途径，拿到了一把实现工业高质量发展的钥匙。**对于中国这样一个拥有 14 亿人口的发展中大国来说，要完成工业化，就必须从国情出发，切实突破传统产业改造这一工业高质量发展的薄弱环节与认识盲区。**国际产业实践表明，这个环节上发生的变革，有可能在一定程度上影响着今后中国产业的竞争实力和未来的发展走向。因为，它是我国战略新兴产业得以强劲发展的重要产业基础，这是由现代大工业发展的特点与工业创新的性质所决定的。

（中国社会科学院世界经济与政治研究所研究员　李毅）

国际比较视野下中国乡村振兴战略的实现路径

本文要点： 美国支持乡村发展经历了近百年的时间，在政策创新和处理方式上有着成功的经验，对我们有一定的借鉴意义。美国政府积极主导，通过农业立法、构建管理制度体系和借助社会资本的方式，促进了城乡一体化的有效落实。中国在实施乡村振兴战略中要做好长期攻坚的准备，应分阶段、有侧重地实施战略举措，以立法为保障、以市场为基准，引导社会资本参与乡村振兴，形成"政府＋市场"的发展模式。应尽快建立乡村振兴政策体系和制度框架，把握好政策兼容性和地区多样性的关键点，鼓励产业延伸和创新，逐步推进新乡村、新乡风、新乡貌的形成。

一 国际比较视野下的美国经验与借鉴

2017年10月,党的十九大报告首次提出实施乡村振兴战略,指出"**要建立健全城乡融合发展体制机制,促进形成城乡经济社会发展一体化的新格局**"。当前,中国正面临着城市快速发展与乡村转型缓慢的难题,乡村振兴不仅是经济的振兴,更是生态、社会、文化、科技、教育和农民素质的振兴。只有实现乡村振兴,乡村居民才能安居乐业,中国才能建设成为现代化强国。

作为城乡发展一体化的典型代表,美国在20世纪30年代就开始了促进乡村发展的实践,建立了城乡共生的一体化模式,在解决农民增收和实现乡村振兴等方面发挥了积极的促进作用。中美两国在资源禀赋、产业结构和经济制度等方面虽有所不同,但站在长期和宏观的角度可以发现,**两国的乡村发展都受到某些经济规律的支配,美国支持乡村发展的过程对中国来说具有一定的借鉴作用**。

在近百年的乡村发展进程中,美国曾经面临过许多困境,但随着乡村发展政策目标和手段的调整,如今美国乡村地区的经济实力得到了显著提升,其支持和促进乡村发展的经验包括:

第一,**有序解决乡村发展的阶段性矛盾,坚持城乡一体化的发展路径。美国支持乡村发展并非一蹴而就,而是随着经济发展和城乡矛盾的变化不断调整完善**。20世纪30年代,美国乡村经济发展水平与城市相比非常落后,乡村发展政策目标聚焦在水、电、路等硬件基础设施建设方面,力图通过政府财政资源的再分配来缩小城乡差距。20世纪80年代,美国乡村贫困问题突出,联邦政府政策重点向解决乡村贫困问题转移。20世纪90年代,经济全球化和贸易自由化严重影响了乡村传统产业的发展,为提高乡村地区竞争力,美国政府决定通过培养乡村自我发展能力实现乡村社区的可持续发展。乡村发展政策内容逐渐丰富，教育培训、新兴产业、生态环境等偏"软"的领域成为乡村发展政策关注的焦点。

第二，**完善的立法和高效的管理体系为美国乡村发展提供了强有力的制度保障**。乡村自我发展能力弱，实现乡村振兴依赖政府稳定和持续的关注支持。**完善的立法是乡村发展的根本保障**，美国始终把对农业和农村政策的立法保护作为推动乡村经济发展、促进城乡一体化的重要举措。1936年《农村电气化法》的实施标志着美国乡村发展政策的开启。之后，联邦政府陆续出台了一系列法律。1990年，乡村发展计划在《粮食、农业、保育和贸易法案》中单独成章，内容涵盖基础设施投资、自然环境保护、商业服务合作、社区可持续发展等方面。

第三，**政府、市场和社会的良性互动是城乡融合的核心机制。建立政府与私人机构之间的合作关系是美国促进乡村经济发展的重要手段之一**。联邦政府积极借助市场力量，逐渐强化政府与私人部门之间的互动。从美国支持乡村发展的资金来源看，除政府补贴外，各合作方也为乡村地区提供了重要的贷款和补助支持。这些合作方既包括乡村委员会、农村基金会，也有地方农业部门发展雇员、非营利性组织和房产公司经纪人等。美国的经验表明，乡村发展不能靠政府大包大揽，随着发展环境的改变，政府与市场的关系需要进行相应的调整。在乡村发展到一定程度后，政府可以适时引入私人部门，借助其发挥市场作用。

二 中国乡村振兴战略的实现路径与建议

中国从2004年开始农业政策改革，在实行农村税费减免的基础上，采取直接补贴和价格支持政策，促进农民增收。2005年，中央提出新农村建设。中国先后提出了"统筹城乡发展""城乡一体化""乡村振兴"的战略目标，指导思想从"以工促农、以城带乡"向"城乡融合发展"转变。

（一）充分认识乡村振兴的长期性，分阶段、有先后、循序渐进地改革

乡村振兴是一个长期的发展过程。美国从 20 世纪 30 年代开始构建支持乡村发展的政策体系，历经了 80 多年，至今仍然处于不断调整完善中。中国农村人口多，乡村基础条件差，面临的困境和挑战将更为复杂。这也意味着，城乡融合不可能只是眼前工程，而是长期的历史性任务。对此，**要做好打持久战、攻坚战的准备，分阶段、有侧重地支持乡村发展。**

近年，我国政府对农业农村基础设施建设的投入持续加大，"村村通"等支持措施接连出台，在一定程度上缓解了农业地区基础设施严重匮乏的问题。但我们也要看到，农村基础脆弱的问题仍然十分严峻，水、电和公路等设施建设普遍滞后，产业发展缓慢。现阶段我国政府有必要继续加大财政资金的投入力度，优先将学校、医院、消防等公共基础设施纳入发展规划，加大交通、能源和通信设施的投入力度，推动公共服务向乡村延伸，以满足农村居民的生活与工作要求，适应信息化的发展形势。在支持乡村发展过程中，要将阶段性短期目标和长期目标结合起来，分阶段、分步骤实施，逐步完善政策工具和制度框架。

（二）加快推进乡村振兴政策法制化，以立法保证乡村振兴战略的实施

当前我国对农业农村政策的立法绝大多数停留在行政法规、地方法规和规章制度层面上，导致了政策执行规范性差、落实不到位等问题。因此，**必须加快农村支持政策的法制建设**，从全局性角度做好乡村振兴的顶层规划，确保财政补贴资金的常态化和可持续性。在资金投入方面，制定农业资金管理法规，保障农业融资渠道畅通，增加资金流通透明度；在政策监管方面，构建农村政策实施的督查机制，规范各项政策的实施方案，使政府的农业农村政策能真正达到促进乡村发展、扶持农业的目的。

在乡村振兴的立法方向上，要与深化农村改革相结合，破除城乡融合发展的体制机制障碍。一方面要加快推进农业农村现代化，坚持农业农村优先发展，同时还要积极发展非农产业；在立法重点方面，应以农业供给侧结构性改革为主线，对乡村产业发展、生态建设、民生保障建设进行法定化，重点支持农村的一、二、三产业融合，聚焦重点产业和关键节点；在立法执行方面，深入推进行政执法改革向基层延伸，推动执法队伍整合，提高执法能力和水平。

（三）建立乡村振兴管理体系，明确政策制定和执行部门权责

为构建一个高效的管理机构，美国曾频繁设立过不同的组织，经多次调整和整合，最终形成了现在的管理体系和制度框架。

中国乡村振兴战略涉及的内容更加广泛，"农业""农村""农民"问题更为复杂。为更好地推进中国乡村振兴战略的落实，**有必要成立专门负责乡村振兴的行政机构**，明确和强化各级政府"三农"投入责任，推动责任落实，保障乡村发展政策的有效落实。

（四）促进多元化资金投入格局，借助市场力量和社会资本支持乡村发展

我国乡村的基础条件比较薄弱，需要大量的资金投入支持乡村经济的发展。因此，我国政府**可考虑适当引入社会资本，鼓励广大农民和社会各界、多方面资源踊跃参与乡村发展**。通过不断加强与地方政府和私人力量的合作，将新兴金融机构引入农村社区建设中，与财政政策一起为乡村地区提供资金支持。

（五）乡村振兴政策的实施要把握好政策兼容性和地区的多样性

第一，**促进乡村发展的方向和措施要与促进农业发展、农民增收的措施相一致、相协调**。乡村振兴的促进措施体系应该是一体化的,"农业""农村""农民"这三大主体不可被分割对待。与发达国家相比,乡村仍然是中国的发展短板,农民收入水平低、农业产业结构不合理的问题依然严峻。因此,乡村振兴的实现还是要以推动现代农业发展为重点,以提高农民收入为根本核心,通过推动一、二、三产业融合,使农业成为盈利产业,实现农业综合生产能力的稳步提升,进而带动农民增收。

第二,**乡村振兴战略要顺应城镇化和工业化进程**。目前我国还处于城镇化和工业化的快速发展阶段,工农差距仍然很大。这种情况下,乡村振兴战略要与城镇化和工业化进程相结合,一方面要确保新型城镇化的顺利实施,另一方面要做好顶层设计,充分避免和弱化人口流失带来的负面影响。

第三,**农村地区的多样化决定了乡村振兴政策不可能是单一政策手段的结果,需要多种措施并举**。我国地域辽阔,不同地方乡村的发展特征差异显著。因此,乡村振兴不能搞"一刀切",要根据地方特色分类推进。对于空心化较为严重的乡村,它们的基础条件薄弱,乡村振兴政策的工作重点要放在脱贫攻坚上;对于基础条件较好的乡村,则要鼓励发展新型产业,促进建立竞争优势的新内容。

(中国农业大学经济管理学院教授　田志宏
中国农业大学经济管理学院博士研究生　胡月)

中国新一代信息技术标准竞争战略及对策选择

本文要点：伴随着第四次工业革命的加速兴起，标准竞争逐渐成为全球新一代信息技术竞争的新焦点与产业竞争的制高点，发达国家竞相布局新一代信息技术标准。国际标准竞争的优势正从欧美日韩等发达国家转向中国等新兴国家，但与发达国家相比，中国仍存在竞争战略不完善、标准发展滞后、国际影响力相对较低等问题。为此，中国需进一步完善新一代信息技术标准化的顶层设计，推动兼容性技术标准发展，加强关键共性技术研究，优化新一代信息技术标准的组织结构，同时积极参与标准化国际合作。

一 全球新一代信息技术标准竞争的基本态势及特征

在新一代信息技术的全球标准竞争中,广受各国重视的两个主要技术领域为新一代人工智能和第五代移动通信(5G)技术。

(一)新一代人工智能国际标准竞争态势与特征

第一,标准发展组织成为国际标准竞争的重要推动力量。以国际标准化组织(ISO)、国际电工委员会(IEC)、第一联合技术委员会(JTC)、国际电信联盟(ITU)、美国电气与电子工程师协会(IEEE)等为代表的国际性标准化组织正在成为新一代人工智能及其相关产业国际标准的主要制定者,在人工智能标准的国际发展与竞争中起重要的推动作用。为了掌握人工智能标准化制定的话语权与主导权,各大国际性标准组织不断成立新的标准委员会,专门开展人工智能及其相关领域的标准化工作。

第二,开放源代码(简称开源)成为企业参与国际标准竞争的重要策略。在第四次工业革命中,标准发展组织和开源正在融合,开源通过实时开发与测试加速标准研发,为标准开发过程提供即时反馈,更好地支持开放标准发展,推动新的技术架构发展并重塑未来的产品和服务网络。因此,开源成为第四次工业革命中标准竞争的重要策略,加速了事实标准的确立。

第三,伦理道德标准成为国际竞争的新焦点。新一代人工智能的发展将人类推到了新的伦理边界,伦理标准将成为决定人工智能扩散与普及的关键。IEEE和美国国家标准与技术研究院等国际标准发展组织已经在人工智能的伦理标准领域采取了先发制人的竞争策略,率先进行了人工智能伦理标准的研究与制定。

(二) 5G 技术国际标准竞争态势与特征

第一,**全球 5G 标准竞争优势正由发达国家转向以中国为代表的新兴经济体**。首先,在基础设施方面,中国自 2015 年以来对 5G 基础设施的投入比美国多 240 亿美元,已建成约 35 万个蜂窝基站,平均每万人拥有 14.1 个站点,而美国则不到 3 万个蜂窝基站,平均每万人拥有 4.7 个站点,**中国正在引领全球 5G 技术与标准的发展**。其次,在标准竞争能力方面,中国在 5G 标准必要专利、标准贡献度和参加标准会议等方面的竞争力均有显著提高,**华为公司的 5G 标准竞争能力居全球首位**。最后,在应用设备市场方面,全球智能手机国际竞争力最高的五大供应商中有三家位于中国,**中国智能手机的国际竞争力正逐渐提高**。

第二,**国际标准竞争中形成了体现民族主义或国家主义的"隐秩序"**。在 5G 国际标准制定过程中,全球各主要公司以国家为标识,展开激烈的竞争博弈,聚集成两大主要阵营:**一个是以欧洲、美国、日本、韩国等为主的西方国家阵营,另一个是以中国企业为主的阵营**。西方国家阵营强烈反对与围攻中国主导的技术,打压中国企业提出的方案;中国企业则支持本国华为公司主导的标准提案,强烈反对欧、美、日、韩等国家提出的标准编码方案,体现了背后的国家主义"隐秩序"。

二 中国新一代信息技术标准发展存在的问题

第一,**标准发展及竞争战略有待进一步完善**。目前主要发达国家都制定实施了本国的标准发展及竞争战略,与其相比,中国的标准发展与竞争战略尚不完善。首先,**缺乏中长期的标准发展与竞争战略**,新修订的《标准化法》也未明确提出标准发展与竞争战略的实施方案。其次,**缺乏与国家重大战略对接的标准发展战略**。中国仅发布了《国家智能制造标准体系建设指南》和《装备制造业标准化和质量提升规划》来对接《中国制造2025》发展战略，但在规划范围与层次上与其存在较大差距。

第二，**标准发展落后于技术发展**。首先，**标准研发速度落后于技术创新速度**，我国的标准研发周期是技术创新周期的两倍左右。其次，**标准供求结构失衡问题突出**，在大数据、物联网、人工智能等领域中，基础共性标准、平台标准、安全标准存在严重缺失。最后，**兼容性标准发展速度落后于技术扩散速度**，制约了新一代信息技术对传统产业的改造进程与质量。

第三，**标准的国际影响力有待提升**。首先，**中国在新一代信息技术标准领域的国际话语权较低**，中国提交ISO、IEC并正式发布的国际标准占比仅为1.58%，承担的ISO、IEC技术机构秘书处数量仍低于德、美、日等发达国家。其次，**缺乏国际性的标准发展组织**，尚未成立以中国为主导的区域性标准发展组织。最后，**新一代信息技术标准的国际输出能力低**，标准扩散范围狭窄，被其他国家广泛采用的标准数量少，通用标准、认证程序标准、测试标准等大多数领域的中国标准依然难以实现全球性采用。

三 中国新一代信息技术标准竞争战略及对策选择

第一，**加快完善新一代信息技术标准化发展的顶层设计**。从时间维度来看，**尽快出台与国家重大战略对接的新一代信息技术标准发展规划**，从发展目标、发展阶段、组织机构、实施机制、保障措施等方面对中国未来中长期新一代信息技术标准化发展进行规划，重点突破基础共性标准、关键技术标准和行业应用标准，明确中国新一代信息技术标准的阶段性发展目标、推进机制与路径。从层次维度来看，**在国家层面上积极推动《中国标准2035》**

战略的研发制定,加快中国标准化战略的发展进程。同时鼓励以行业联盟、行业协会等形式,积极开展团体标准、行业标准等的研发制定与先试先行。

第二,**积极推动兼容性技术标准发展**。首先,**积极推动实施"互联网+""智能+"等战略**,加快新一代信息技术对传统产业的数字化、网络化和智能化改造升级,在这一过程中建立适合中国产业、技术发展要求的新一代信息技术兼容性标准,并借助于这一标准,进一步深化新一代信息技术对现有产业的改造升级和融合发展。其次,**要重视对传统产业技术改造升级的标准需求的调研**,在标准委员会或工作组中适当吸收传统行业中的典型代表企业,使其参与标准研发和制定的早期阶段,从而在制定标准阶段提高新一代信息技术与传统设备的兼容性与匹配性。

第三,**加强新一代信息技术的关键共性技术研究**。标准是研发过程的一部分,其核心和根本因素是技术,因此,关键共性技术的研发与突破对标准竞争具有决定性影响。首先,**进一步明确新一代信息技术的关键共性技术领域**。尽快修订由工信部发布的《产业关键共性技术发展指南(2017年)》,对其中的电子信息与通信业部分,在已有的大数据和工业互联网的内容基础上,重点增加人工智能、区块链、无人机、物联网、机器人、4G、5G、智能终端等新一代信息技术的内容,发布新版《指南》。其次,**加大政府政策对关键共性技术研发的支持力度**。明确政府在关键共性技术研发中的重要作用,强化资金支持,注重发挥研发补贴、税收优惠与减免等政策的作用;设立新一代信息技术国家专项基金和产业发展基金,定向支持新一代信息技术的基础性和关键共性技术研发;鼓励、引导社会资本积极参与新一代信息技术研发,发展风险资本,优化关键共性技术研发资本的结构。最后,**营造良好的技术研发环境**,搭建关键共性技术研发与转化平台,促进关键共性技术的产学研协同研发，提高研发成果转化率，加快关键共性技术事实标准的确立。

第四，**优化新一代信息技术标准的组织结构**。首先，**提高政府机构对标准研发与制定的参与程度**。美国政府在支持智能系统创新与标准制定过程中发挥召集人、协调者、技术领导者、参与者、采用者与推动者等角色的作用，中国应借鉴美国经验，使政府机构在各标准发展组织和技术委员会中获取成员资格。其次，**促进新一代信息技术标准化组织建设**。中国尚缺乏专门从事智能科技标准研制工作的组织机构，应尽快在相应的组织机构中成立人工智能分技术委员会、大数据分技术委员会、物联网分技术委员会等分支机构，专门负责人工智能等新一代信息技术标准的制定工作。最后，**鼓励相关企业联盟协同进行标准研发**。基于企业联盟的市场机制和组织机制相结合的技术标准形成机制，是中国信息技术标准制定机制的现实选择。成立中国5G技术与产业发展联盟，推动中国人工智能产业发展联盟、中国大数据技术与应用联盟、中国云计算技术与产业联盟、中国机器人产业联盟等国家级技术与产业联盟的发展，搭建联盟技术交流与合作平台，鼓励联盟内企业合作参与新一代信息技术标准研发与制定。

第五，**增强新一代信息技术标准化发展的国际合作**。首先，**积极参与国际标准制定**。中国应与国际标准发展组织开展广泛的合作，在主要国际标准发展组织及其下设的技术委员会和分技术委员会中争取更多高级职位，深度参与国际标准制定。其次，**牵头建立国际性标准化组织**。加强与经合组织国家、金砖国家和"一带一路"沿线国家之间的标准化合作，联合建立以中国为主导的新一代信息技术国际标准化组织，负责制定新一代信息技术国际标准，预测国际标准发展趋势与需求。再次，**鼓励本土企业积极参与国际标准化会议**，构建高效的国际技术标准交流机制，促进国际标准的合作交流与研发。最后，**加大标准化国际高端人才的引进力度**。与全球顶尖研究机构、标准组织和科技企业等建立广泛合作，吸引全球标准化方面的知名专家来中国工作，鼓励该领域出国留学人员回国创业。

（南开大学经济与社会发展研究院教授　杜传忠

腾讯研究院　陈维宣）

制造业与服务业深度融合的新路径选择

本文要点：制造业与服务业融合发展是工业化后期的一般规律，也是新工业革命背景下制造业与服务业转型发展的重要方向。对于中国而言，促进制造业与服务业深度融合既是发展环境变化的客观要求，也是产业高质量发展的主动变革，对于破解当前制造业发展矛盾、促进服务业的转型发展与优化升级、提高我国制造业和服务业国际分工地位具有重要意义。借鉴发达国家经验，立足当前国情世情，本文认为新时期我国制造业与服务业深度融合要围绕创新驱动发展、用户价值提升、制造效能提升和拓展服务提升四个重要目标探索其实现路径。

制造业是我国最具国际竞争力的产业部门，当前面临来自发达国家贸易保护和"再工业化"，以及发展中国家加速融入全球分工体系的双重压力；同时服务业长期结构层级偏低，发展质量不高。无论是制造业还是服务业都迫切需要转型和升级，探索两者深度融合的发展路径，能够突破发展瓶颈，形成新的增长点。

一　制造业与服务业融合的新特征与意义

制造业与服务业融合由来已久，在工业革命初期就已存在，人类工业化历史同时也是制造业与服务业的融合史。在新工业革命背景下，制造业和服务业融合出现一些新的特征：

其一，**制造过程对传统要素需求越来越集约**，但对产品设计、生产工艺、技术标准等专业化服务需求增多。

其二，**制造业分工不断深化、价值链不断分解**，信息网络技术不断扩大应用，制造业产品或产品包中服务的比重不断提高，越来越多的制造企业把提供产品相应服务作为差异化竞争的重要手段，已经很难判断一个产品属于工业产品还是服务产品。

其三，**价值链中服务环节不断延长和加深**，这与制造业价值链延伸发挥着同样重要的作用，从制造中不断剥离出来的服务业务成立单独的部门或由专业的服务企业承担。

制造业与服务业融合发展意义重大：

首先，**融合发展有助于破解制造业发展的矛盾与约束**。当前我国制造业面临着重化工业化与环境恶化之间的矛盾，传统要素禀赋优势消失和新的竞争优势尚未建立这两者间的矛盾，以及国内市场发展环境不佳和创新动力不足的约束，而制造业与服务业融合发展是破解上述矛盾和约束的重要途径。研发、设计、专业管理等服务要素投入制造业对节能减排能起到积极作用，还能创造新的动力和增长点，抵消传统要素成本上升的压力。融合发展有助于制造业的渠道建设、诚信建设、知识产权保护，从而促进国内市场培育和消费升级；还有助于提升技术研发部门的水平，加强与外部科技资源的联系程度，从而加快制造业的技术研发和成果转化。

其次，**融合发展有助于服务业的快速发展与优化升级**。我国服务业发展水平偏低，中低端生活服务业所占的比重大，高附加值服务需要大量进口或由在华外资、合资企业提供，服务业从业人员规模大但人力资源水平低于制造业。融合发展能够为国内中高端服务业的发展提供巨大市场，由制造业剥离出来的服务环节和项目能够为国内服务企业提供智力和资金支持，制造业成熟的人才培养体系能带动服务业人力资源水平的提升，这些都有助于国内服务业的升级和服务业结构的优化。

最后，**融合发展有助于我国应对国际环境的变化**。我国制造业同时面临来自发达国家"再工业化"和以东南亚国家为代表的发展中国家吸引国际产能转移能力增强的双重压力。在信息技术推动下，以前一些不可贸易的服务产品可贸易性不断提高，国际产业转移出现服务业转移比重增大的新趋势。融合发展能够改变我国依靠低要素成本参与国际分工的传统模式，减小要素成本上涨而导致我国制造业国际竞争力下降的压力，国内中高端生产性服务业能够借助制造业已形成的国际技术链、供应链、销售链网络参与国际分工，提升我国优势制造业和新兴服务业的国际分工地位。

二 制造业与服务业融合新路径的探索

制造业与服务业深度融合既要借鉴发达国家的历史经验，更要满足新工业革命和信息社会发展的要求，探索最适合我国的路径。

首先，**探索创新驱动的融合路径**。制造业是促进技术创新最重要的动力，同时也是技术创新资源和能力最主要的供给方和采购方。在新工业革命浪潮中，发达国家制定的重振制造业和刺激经济复苏的政策都强调技术创新对制造的引领，通过制造业与研发设计行业的深度融合促进双方的发展，通过**将制造和研发有机结合**，最终实现发展动力由要素驱动转向创新驱动。

其次，**探索用户价值提升的融合路径**。售后服务是制造业实现差异化的重要途径，而产品"全生命周期管理"又是实现差异化的重要实现方式。我国工程机械行业近年来与服务业的深度融合主要采用了全生命周期管理模式。近年来兴起的"系统解决方案"的基础构成是制造产品，加入以用户增值为目标的服务要素，使得最终的产品组合能够满足用户定制的"一揽子"需求。源于互联网的"信息增值服务"以先进、可靠的信息技术为手段，建立全面、权威、实用、互动、安全的信息平台，**满足相关主体的信息需求**，成了与互联网高度相关的新的价值增长点。

再次，**探索制造效能提升的融合路径**。要实现大规模定制除了要承受成本上涨，还要获得组合定制需求的信息。制造业与信息服务的融合能够促进制造企业的流程再造，通过在线下单、实时传输、智能制造、柔性制造，使传统流程难以做到的大规模定制服务成为可能。随着产品越来越复杂和集成，产业间竞争已经不再是企业间的竞争，**更多地体现为供应链的竞争**，以工业电子商务为代表的新业态能够重构信息时代制造业的供应链管理模式。信息时代"快时尚"消费新观兴起，"网络协同制造"充分利用网络信息技术，将串行工作变为并行工程，缩短了市场分析、产品设计和产品销售的周期，特别适合于快消品行业。

最后，**探索拓展服务提升的融合路径**。制造业与服务业的深度融合不仅能够提高制造业效率和效益，增强制造业竞争力，同时也能催生新的生产性服务业态，弥补服务业结构短板，提高我国服务业发展水平。"金融租赁"就是制造业与金融业融合发展的重要形式。随着信息化进入物联网、智能化、融合化发展新阶段,工业产品和工业生产过程中所产生的各种信息也开始数据化和网络化,这是互联网在开拓商业市场之后新的重要增长点。印度是承接发达国家服务外包最多的国家,我国与印度重点发展生活性服务外包不同,我国发展服务外包、参与服务外包国际分工应当**首先依托于最具竞争优势的制造业,重点发展生产性服务外包**。

三 促进我国制造业与服务业深度融合的政策建议

第一,**高度重视制造业与服务业深度融合发展**。发达国家在工业化后期和后工业化发展阶段都高度重视制造业与服务业的融合发展,实施全套产业转型规划,推动相关政策的出台,提供金融支持。我国制造业与服务业融合也应首先加强对其重视程度。**制造企业要重塑价值链重心**,提升产业分工协作水平,促进资源有效整合。企业管理者要在观念上确立向服务化转型的理念,不断探索可行的盈利模式,把利润点从单一产品销售演变为技术、管理、服务等多个利润源。**服务企业要调整战略重心**,满足制造业转型升级对高端服务要素的需求。

第二,**将先进制造业和现代服务业作为融合的重要载体**。新的制造业与服务业融合模式总是出现在代表当时技术、市场发展方向的制造业和服务业部门之间。我国先进制造业和现代服务业将成为融合创新实践的触发点。因此,要重点支持高端装备制造、电子信息制造、新能源汽车、生物医药等先进制造业,与软件和信息服务业、金融业、科技研发和科技服务业等现代服务业间的深度融合,**促进在传统产业分类边界间形成新的业态**。

第三,**利用技术进步和两化融合,鼓励制造业企业商业模式

的创新。信息技术是推动制造业与服务业深度融合的关键技术。**提高工业和信息化融合程度和深度**，组织课题研究，实施相关政策以及促进信息技术广泛渗透于产品设计、客户定制、集成制造、市场营销、供应链管理、质量管理、测试认证、金融服务等环节，贯穿制造、服务提供的整个过程。依靠各种新技术的应用开发，不断改善服务效率，创新服务体验和服务模式。

第四，**利用雄安新区等新区建设，推广应用制造业与服务业深度融合新模式、新业态**。在雄安新区及各地新建产业园区的规划设计中，充分体现制造业与服务业深度融合、集聚发展的理念，制造业园区要有服务业和服务平台的支撑，并配套制造业服务化发展的各种硬件和软件。同时，新区建设中的公共产品采购要为制造业与服务业融合提供市场，在无人驾驶、共享汽车、精准医疗等领域，先行先试新技术和新业态。新区引进和培育企业要贯彻制造业与服务业融合发展的思想，支持中小制造企业加快走"专、精、特、新"发展道路，**支持中小生产型服务企业的发展**。

第五，**发展和提升服务外包，积极参与国际生产性服务业分工**。制造业服务外包是国际服务分工重要的组成部分，也是技术含量较高、附加值较高的部分。目前，制造业与服务业深度融合催生的**新兴生产性服务业的国际分工格局正处于调整阶段**，这为我国提供了重要战略机遇。借助已有的服务外包试点城市，加大产业促进政策的落实力度，加快公共服务平台建设，推动制造企业与服务外包企业合作，建设和推广国家制造业服务外包公共品牌，吸引优质要素投向生产性服务部门。鼓励制造企业积极开展在岸服务外包，开拓生产性服务业的内需市场。服务企业通过联合、重组和品牌建设，在制造、研发、分销、维护等若干生产性服务领域中培育出有较大规模和较强竞争力的大公司、大集团。

（中国社会科学院工业经济研究所副研究员　邓洲）

美国关税排除机制对我国产业的影响及应对

本文要点：美国一方面不断扩大对华商品加征关税的范围并提高税率，另一方面却设置加征关税商品的排除机制，为美国企业开"后门"。加征关税与排除机制两种手段相叠加，造成了选择性增加关税的实际效果。从短期看，关税排除机制有效缓解了美国厂商和消费者面临的高关税压力，也使我国相关企业获得了调整空间。但从长期看，该机制的标准设定和执行结果对我国产业升级有遏制效应。我们应区别利害，巧妙利用排除机制，减少我国对美加征关税给国内企业造成的成本压力。

一 美国对华加征关税排除机制的基本情况

2018年7月,中美贸易博弈加剧,此后一年多,贸易问题持续升级,至今美国已形成四个对华商品加税清单。按照时间顺序,被加征关税商品价值分别是清单一的340亿美元,清单二的160亿美元,清单三的2000亿美元,清单四的3000亿美元,其对应加征关税额分别为25%、25%、25%和15%。**由于加征关税已基本将所有中国输美商品覆盖,导致目前美国对华商品平均关税率超过20%**。尽管美国总统特朗普一再强调额外关税全由中国承担,但美国贸易官员知道其中的利害,在设计关税清单时就准备了排除机制。

美国运用排除机制已有先例,比如美国动用"232条款"对钢铝进口加征关税时,美国商务部也接受国内企业的排除申请,并同时将一些产地国如阿根廷、澳大利亚、巴西、加拿大、墨西哥和韩国排除在外。美国905家企业共发起了45328个钢产品排除申请,6017个铝产品排除申请,批准率分别为47%和67%,其中不获批准的主要原因是美国钢铝企业的反对。可见,**加征关税背后的产品排除机制是美国政客在满足国内保护主义需求的同时,为最大限度缩小自由贸易损失而设计的平衡机制**。

在美国加征关税排除申请表中,美国贸易代表办公室要求申请人写明:申请排除产品的海关HS10位码;产品名称及详细描述;申请者与产品的关系及申请排除的原因;前两年申请人从中国、美国国内和第三方进口此产品的数量及价值;前一年公司营业收入;如果进口商品在美国是最终销售品,需提交中国进口商品占总销售额的比例;如果进口商品为中间产品,则需提交中国产品成本占总成本比例等。

作为排除的依据,申请人需要**在三个问题上做出说明**:其一,被申请产品是否只有中国有，此产品或类似产品能否从美国或第三方国家获得，如果不能从中国以外获得，则必须提供解释；其二，该产品加征关税是否对申请人或其他美国利益产生严重的经济伤害；其三，该产品是否对"中国制造2025"或其他中国工业项目具有战略性重要意义。美国贸易代表办公室不定期公布产品排除结果，批准或否决都是最后决定，不可上诉。任何被批准的排除均可向前追溯到加税之日起，关税排除期为一年，一年后是否能延期尚无定论。

从2018年12月28日到2019年9月30日，美国陆续公布了13批排除清单，涉及前三个清单共计2500亿美元的商品，针对清单四的排除机制在10月31日启动。截至目前，340亿美元清单的排除申请裁决率已经达到96.1%，申请批准率为32.6%；160亿美元清单的排除申请裁决率为79.3%，批准率为24%。一年多来，超过4000家企业向美国政府申请排除，总申请量已超过44000件。排除审批速度缓慢的主要原因是，美国贸易代表办公室缺乏人手和经验来处理如此大量的排除申请，而增加人手和预算需要经过国会的批准。

二 美国关税排除机制对中美贸易摩擦的分期影响

（一）美国的关税排除机制从短期看将减轻贸易摩擦冲击

比照2017年美国进口数据粗略估算，截至2019年9月，在340亿美元清单一中，排除涉及的美国海关10位码税号进口金额约为84.9亿美元；160亿美元清单二中，排除涉及的税号进口金额为36.3亿美元。也就是说，从500亿美元输美商品排除审批情况看，被排除商品的金额占比高达24.2%。值得注意的是，根据中金公司2019年10月21日发布的报告，340亿美元清单的商品出口同比增速，已经从2019年下半年开始出现了显著反弹，这与340亿美元排除批次大部分在上半年之前公布的时间相吻合。

不久前，美国对清单三的排除申请内容进行了微调：第一，对"产品"定义有所放宽，只要产品特征一致，允许其包括不同的大小和型号。这就免去了同一产品下因配置差异而逐个申请的麻烦。第二，对产品"用途"限制有所放松，在识别产品用途时接受美国海关进口文件描述，不再过分纠缠产品的"主要或实际"用途。第三，新的排除申请表增加了一些问题，例如申请排除的产品2019年第一季度同比2018年一季度营业额的增减。这些变化表明，**美国正在为更大规模的关税排除进行准备**。

按照美国贸易代表办公室当初设计加征关税清单的初衷，涉及500亿美元产品的关税清单一与清单二属于美方认为与"中国制造2025"关联度高、可替代性强、对美国生产者和消费者影响小的类别。美国企业和市场对关税清单三和清单四中的我国商品的依赖度呈逐级上升趋势，因此，**后续关税排除的结果将大概率超过25%**。随着预算和人员在2020年到位，美国贸易代表办公室的排除审批速度可能加快。因此，关税排除机制的实施，在短期内不仅缓解了贸易摩擦对美国经济的负面冲击，也部分缓解了我国相关出口企业的压力。

(二) 美国的关税排除机制从中长期看阻碍我国产业升级

美国贸易代表办公室要求关税排除申请人在申请书中用进出口和营业数据等证明：寻求中国以外的商品替代来源面临困难；加征关税对申请主体造成严重经济损害；加征关税商品与"中国制造2025"不相关。一般而言，申请排除的商品必须满足上述三个条件才能获得批准。**美国在尽力通过"开后门"实现自我保护的同时，不希望排除机制削弱对华"极限施压"的效力，而是要迫使美国企业尽量避开中国产业链，选择本国或第三国作为产品来源地**。

在被美国政府拒绝的排除申请中,由沃尔沃和通用汽车两家公司提出的乘用车四缸小排量发动机涉及金额最高。汽车生产厂家排除申请被拒绝的原因:一是此类型发动机美国和第三方国家多有生产,中国不是唯一来源地;二是与两家汽车总销售量及营收相比影响相对可控。

在同一类产品中还出现了部分被排除、部分被拒绝的现象。最有代表性的是制造业普遍应用的滚珠轴承。我国在美国市场占比大且位于技术中低端的滚珠轴承产品获得了排除,但如果原产欧洲、日本的技术上游产品市场占比高,我国产品就会被拒绝排除。"中国制造2025"之下的相关产品是道红线,凡价值链中上游的商品都难以获得排除。这类产品的共性是具备一定的科技含量,并在国外能找到替代供应商。上述案例清晰反映出**特朗普政府排挤我国产业链的用意和阻碍我国产业升级的真实意图**。

三 应对美国排除机制影响的几点建议

排除机制为特朗普对华使用"极限施压"手段提供了额外的国内回旋空间。特朗普政府内的对华鹰派正在利用贸易政策的不确定性,催促美国企业转向中国以外投资设厂,从而达到逐步将产业链移出中国、压制中国战略性产业发展的中长期目标。

美方将加征关税与有选择排除政策进行组合,将固化我国现有产业链,制约我国产业升级,而且可能加速部分产业链的外移。尽管美国公布了多轮的商品排除清单,但是中国出口企业对此没有给予足够关注。在面临加征关税的情况下,一些出口企业与美国进口商协商分担新增关税。对于此后美方公布的商品排除清单,中国企业也应及时进行跟踪,相关部门也应就排除的最新进展与国内出口企业进行沟通、及时更新信息。

中国宜针对美方排除机制造成的负面影响采取如下应对措施:

第一，**由国务院关税税则委员会开辟专门信息渠道，方便中国企业获取美官方排除信息**，适时调整我方出口报价，防止美方借信息不对称从我国企业获取不当利益。

第二，**由各行业协会积极提供海关税号覆盖商品及变更信息指导**，鼓励中国企业与美国进口方积极合作，主动提供产品相关信息，提高美企业关税排除的申请质量，争取更多关税排除。

第三，**由海关总署及时通报地方政府美方的产品排除信息**，以便地方政府根据美方排除的情况，区别对待所在地出口企业，合理安排对口支持和救助。

第四，**对美方不予排除的产品，应加大对相关生产企业的扶持力度**，协助企业开拓美国以外的市场，或创造条件绕过美国关税壁垒。

第五，**借鉴美国排除机制手法，充分利用我国新设立的排除机制**，减少我国对美加征关税给国内企业造成的成本压力。

第六，**鼓励关键产业内的非美供应商在华发展**，减少全球产业链中的不确定、不稳定因素，增加我国在中美贸易谈判中的筹码。

（中国社会科学院世界经济与政治研究所助理研究员　赵海
中国社会科学院世界经济与政治研究所助理研究员　姚曦
中国社会科学院世界经济与政治研究所研究员　徐奇渊）